Selección, instalación, configuración y administración de los servidores de transferencia de archivos

María de la Cruz Béjar Heredia

Selección, instalación, configuración y administración de los servidores de transferencia de archivos
© María de la Cruz Béjar Heredia

1ª Edición

© IC Editorial, 2024

Editado por: IC Editorial
c/ Cueva de Viera, 2, Local 3
Centro Negocios CADI
29200 Antequera (Málaga)
Teléfono: 952 70 60 04
Fax: 952 84 55 03
Correo electrónico: iceditorial@iceditorial.com
Internet: www.iceditorial.com

ISBN: 978-84-1184-521-2
Depósito Legal: MA 3022-2024

Impresión: PODiPrint
Impreso en Andalucía – España

Nota de la editorial: IC Editorial pertenece a Innovación y Cualificación S. L.

Presentación del manual

El **Certificado de Profesionalidad** es el instrumento de acreditación, en el ámbito de la Administración laboral, de las cualificaciones profesionales del Catálogo Nacional de Cualificaciones Profesionales adquiridas a través de procesos formativos o del proceso de reconocimiento de la experiencia laboral y de vías no formales de formación.

El elemento mínimo acreditable es la **Unidad de Competencia.** La suma de las acreditaciones de las unidades de competencia conforma la acreditación de la competencia general.

Una **Unidad de Competencia** se define como una agrupación de tareas productivas específica que realiza el profesional. Las diferentes unidades de competencia de un certificado de profesionalidad conforman la **Competencia General,** definiendo el conjunto de conocimientos y capacidades que permiten el ejercicio de una actividad profesional determinada.

Cada **Unidad de Competencia** lleva asociado un **Módulo Formativo,** donde se describe la formación necesaria para adquirir esa **Unidad de Competencia,** pudiendo dividirse en **Unidades Formativas.**

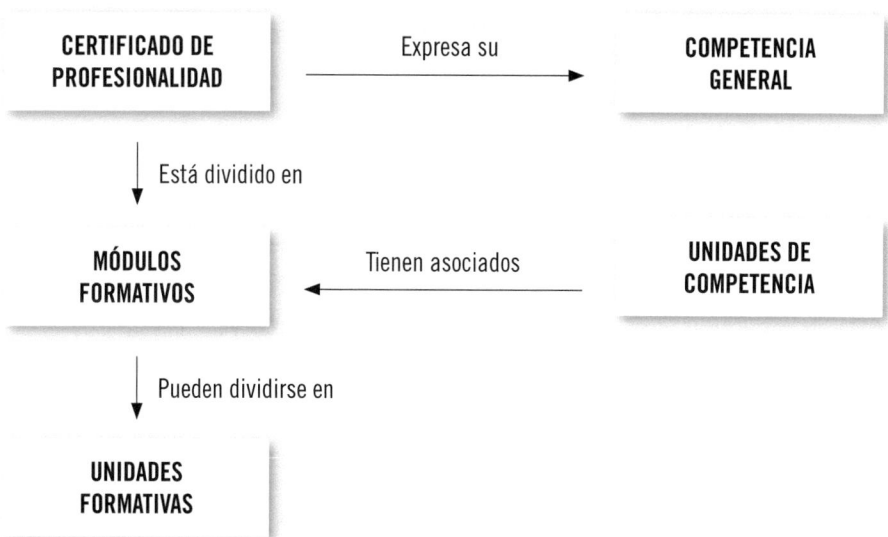

El presente manual desarrolla la Unidad Formativa **UF1275: Selección, instalación, configuración y administración de los servidores de transferencia de archivos,**

perteneciente al Módulo Formativo **MF0497_3: Administración de servicios de transferencia de archivos y contenidos multimedia,**

asociado a la unidad de competencia **UC0497_3: Instalar, configurar y administrar servicios de transferencia de archivos y multimedia,**

del Certificado de Profesionalidad **Administración de servicios de internet.**

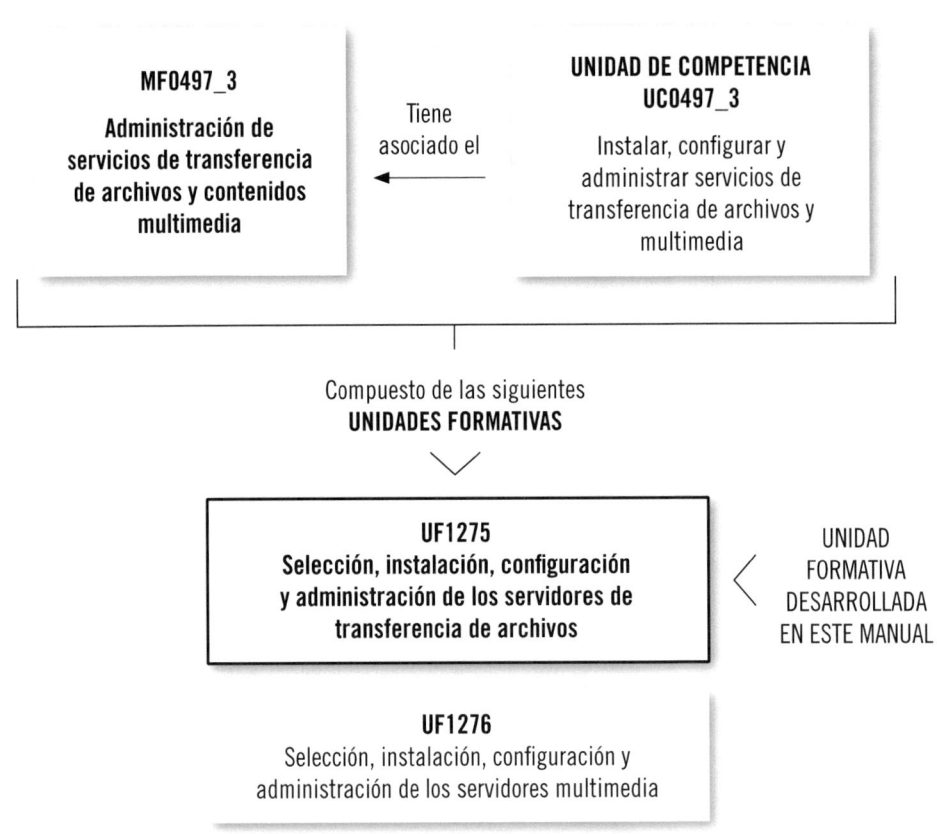

MF0497_3

Administración de servicios de transferencia de archivos y contenidos multimedia

Tiene asociado el

UNIDAD DE COMPETENCIA UC0497_3

Instalar, configurar y administrar servicios de transferencia de archivos y multimedia

Compuesto de las siguientes
UNIDADES FORMATIVAS

UF1275
Selección, instalación, configuración y administración de los servidores de transferencia de archivos

UNIDAD FORMATIVA DESARROLLADA EN ESTE MANUAL

UF1276
Selección, instalación, configuración y administración de los servidores multimedia

FICHA DE CERTIFICADO DE PROFESIONALIDAD

(IFCT0509) ADMINISTRACIÓN DE SERVICIOS DE INTERNET (R. D. 686/2011, de 13 de mayo modificado por R. D. 628/2013, de 2 de agosto)

COMPETENCIA GENERAL: Instalar, configurar, administrar y mantener servicios comunes de provisión e intercambio de información utilizando los recursos de comunicaciones que ofrece Internet.

Cualificación profesional de referencia		Unidades de competencia	Ocupaciones o puestos de trabajo relacionados:
IFC156_3 ADMINISTRACIÓN DE SERVICIOS DE INTERNET (R. D. 1087/2005, de 16 de septiembre)	UC0495_3	Instalar, configurar y administrar el software para gestionar un entorno Web	- Administrador de servicios de Internet - Administrador de entornos Web (webmaster) - Administrador de servicios de mensajería electrónica (postmaster) - Técnico de sistemas de Internet
	UC0496_3	Instalar, configurar y administrar servicios de mensajería electrónica	
	UC0497_3	Instalar, configurar y administrar servicios de transferencia de archivos y multimedia	
	UC0490_3	Gestionar servicios en el sistema informático	

Correspondencia con el Catálogo Modular de Formación Profesional

Módulos certificado	Unidades formativas	Horas
MF0495_3: Administración de servicios Web	UF1271: Instalación y configuración del software de servidor Web	90
	UF1272: Administración y auditoría de los servicios Web	90
MF0496_3: Administración de servicios de mensajería electrónica	UF1273: Selección, instalación y configuración del software de servidor de mensajería electrónica	60
	UF1274: Administración y auditoría de los servicios de mensajería electrónica	60
MF0497_3: Administración de servicios de transferencia de archivos y contenidos multimedia	UF1275: Selección, instalación, configuración y administración de los servidores de transferencia de archivos	70
	UF1276: Selección, instalación, configuración y administración de los servidores multimedia	50
MF0490_3: Gestión de servicios en el sistema informático		90
MP0267: Módulo de prácticas profesionales no laborales		80

Índice

Capítulo 4
Auditoría del servicio

Capítulo 5
Técnicas de resolución de incidentes

Capítulo 1
Características de los distintos servidores de transferencia de archivos

Contenido

1. Introducción

Para el trasvase de archivos, imágenes y videos entre equipos informáticos no solo se utiliza el soporte digital (CD, *pendrive,* etc.), la *World Wide Web* (WWW) ha favorecido el desarrollo y el auge de los servidores (remotos y/o locales), en donde se almacena la información a la que pueden acceder los usuarios de la red.

La transferencia de archivos por Internet viene definida por protocolos que siguen unos modelos estandarizados de referencia para la comunicación, como son el modelo OSI y el modelo TCP/IP, cada uno de ellos con unas características determinadas como se puede ver en este capítulo; además de conocer los programas que son necesarios para poder acceder a un formato de archivo determinado.

Seguidamente se desarrollan los protocolos más significativos que se emplean para la transferencia de archivos, así como las aplicaciones existentes según el tipo de servidor/cliente. Otro aspecto no menos importante en la comunicación por Internet es el tipo de acceso de ancho de banda que garantice un correcto trasvase de información.

Para terminar, se describen los servicios de ficheros que se utilizan en función del sistema operativo que se encuentra instalado en el equipo del usuario.

2. Transferencia de archivos en Internet

El intercambio de información entre dos ordenadores o **transferencia de archivos,** si se realiza a través de la red, permite que los archivos se encuentren disponibles para los usuarios de dicha red. Algunos de los inconvenientes que se presentan en la transmisión de la información son relativos a los diferentes sistemas de archivos que existen en la actualidad, como pueden ser: distintas reglas en la nomenclatura, diferencias en la representación de directorios y datos en los archivos en *Windows* y/o *Linux* y limitaciones para acceder a los archivos, entre otros.

La comunicación en Internet se realiza por medio de un conjunto de protocolos de red que permiten su funcionamiento. Los equipos de una misma red tienen que utilizar el mismo protocolo o ser compatibles para que pueda realizarse la transmisión de información. Los protocolos se organizan siguiendo un modelo de capas en el cual para su funcionamiento necesita del protocolo que se encuentra en la capa inferior.

 Definición

Protocolo
Son reglas o normas de diálogo que establecen cómo se envían, interpretan y reciben los mensajes (información) en una red informática.

El modelo de referencia que describe el proceso de comunicación y que permite comprender el funcionamiento del resto de protocolos es el **modelo OSI** (Interconexión de Sistemas Abiertos, *Open Systems Interconnection)* y fue desarrollado por la Organización Internacional para la Normalización *(ISO, International Organization for Stardardization)*. Este modelo de representación abstracto está compuesto por siete capas de protocolos, donde cada capa tiene una función determinada, y es necesario el trabajo conjunto de varios protocolos para asegurar la adecuada transmisión de datos por la red (son las **pilas de protocolos).** En la tabla siguiente, se describen las funciones de cada una de las capas del modelo OSI.

CAPAS DEL MODELO OSI		
Capa	Nombre	Descripción
7	APLICACIÓN	Define cómo interactúan las aplicaciones.
6	PRESENTACIÓN	Proporciona un formato común a la representación de datos.

Continúa en página siguiente >>

<< Viene de página anterior

CAPAS DEL MODELO OSI

Capa	Nombre	Descripción
5	SESIÓN	Establece el canal de comunicación.
4	TRANSPORTE	Garantiza la entrega de datos, sin errores.
3	RED	Direcciona los mensajes.
2	ENLACE DE DATOS	Define los métodos de acceso para el medio físico.
1	FÍSICA	Transmite y recibe datos por el medio entre dispositivos.

La información que se va a transferir se divide en paquetes antes de pasar por las diferentes capas, siendo un **paquete** la unidad de información que se transmite de un equipo a otro en la red. El funcionamiento de la comunicación por la red en el modelo OSI de referencia es el siguiente: el paquete se envía de la capa más superior a otra inferior, añadiéndose en cada capa un formato específico de esa capa, es decir, los datos se van encapsulando hasta que llegan a la última capa y salen hacia su destino. En el destino los datos vuelven a atravesar las capas desde abajo hacia arriba para desencapsular la información. No todos los protocolos funcionan en todas las capas del modelo OSI, algunos son específicos de una capa de este modelo.

En la actualidad, el modelo de arquitectura más utilizado en la comunicación a través de Internet, que se corresponde con protocolos abiertos (no propietarios), es el TCP/IP *(Transmision Control Protocol/Internet Protocol)*. Es el estándar más empleado en todo tipo de aplicaciones informáticas, redes locales y corporativas, debido a una serie de características como: funcionamiento sobre cualquier tipo de medio (Ethernet, internet, etc.), dirección única en la red para cada equipo y es soportado por todo tipo de sistemas. Su creación fue anterior al modelo OSI, que sirve de guía explicativa para comprender mejor el funcionamiento de la pila TCP/IP y la comunicación entre dispositivos.

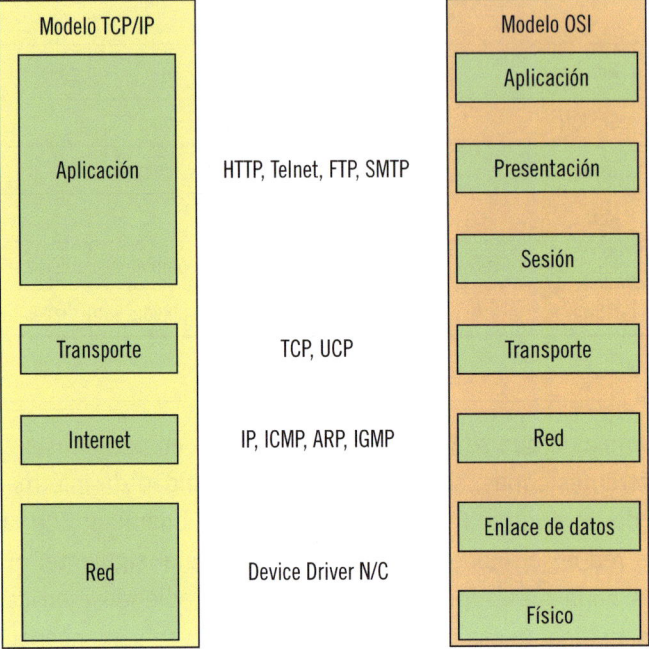

Correspondencia de capas entre el modelo OSI y el TCP/IP, y algunos de los protocolos más significativos

3. Formatos de archivos

El **formato de un archivo** es la forma en la que se codifica una estructura de datos o información digital para posteriormente decodificarla o almacenarla en el ordenador. El formato permite que un archivo tenga una estructura determinada y se pueda acceder a él y/o editarlo mediante unas aplicaciones establecidas. Hay diferentes tipos de formatos de archivos según la clase de información que se trate.

Los distintos formatos de archivos que existen se dividen según la función y el tipo de archivo, y los principales son los siguientes:

3.1. Formato de imagen

Se puede abrir este tipo de archivos mediante un navegador web, un programa visor o editor de imágenes. Algunas de las extensiones de este tipo de formato son:

- **.gif** *(Graphics Interchange Format):* es una imagen de intercambio de gráficos utilizada principalmente en animaciones, ya que reduce los colores a 256 y el tamaño de los archivos.
- **.tif/.tiff** *(Tagged Image File Format):* es un formato de archivo de imágenes con etiquetas (las etiquetas describen las propiedades personalizadas de la imagen), ya que además de la imagen también almacena información acerca de sus características. Es de alta calidad, ocupa más espacio en disco que otros (jpeg) y no tiene pérdidas.
- **.jpg/.jpeg** *(Joint Photographic Experts Group):* es el formato más extendido en Internet y admite hasta 16 millones de colores. Se encuentra comprimido aunque con pérdidas de calidad. La principal ventaja es que ocupa menos espacio que el formato TIF.
- **.png** *(Portable Network Graphics):* es un formato gráfico que permite almacenar imágenes con mayor contraste y con más de 256 colores.

 Nota

Los diferentes formatos de archivos no son compatibles entre sí ya que cada uno se utiliza en un entorno determinado.

3.2. Formato de texto

Engloba a todos aquellos archivos que contienen documentos con formato. Entre las extensiones más utilizadas están:

- **.txt:** es el fichero de texto codificado del bloc de notas en *Windows* o un editor de texto plano en *Unix.*
- **.odt/.docx:** son documentos en los que son necesarios un procesador de texto para su edición y/o lectura, como *Open Office Writer* o *Microsoft Word* de *Microsoft 365.* El formato de documento abierto ODT *(OpenDocument)* es el estándar para el intercambio de texto con formato gratuito de *OpenOffice.*
- **.odp/.ppt:** para presentaciones en diapositivas se puede utilizar *Open Office Impress* y/o *Microsoft Power Point* (de *Office).*
- **.ods/.xls:** son libros u hojas de cálculo en los que se emplea *Open Office Calc* y/o *Microsoft Excel* (este último de *Microsoft 365).*
- **.pdf:** es un formato de documento portable multiplataforma, es decir, permite el intercambio de documentos entre distintos sistemas operativos sin que varíe la estructura del documento. Favorece la difusión de material digital por Internet y que se visualice de igual forma en cualquier ordenador. Su contenido no puede editarse, por lo que es necesario el programa *Adobe Acrobat Reader* para abrirlo u otro similar para documentos en pdf.

3.3. Formato de audio

Son aquellos archivos de sonido que necesitan un reproductor de música o un programa que permita la reproducción del tipo de extensión del archivo, como pueden ser:

- **.aac:** es un formato informático de señal digital audio basado en un algoritmo de compresión con pérdida, un proceso por el que se eliminan algunos de los datos de audio para poder obtener el mayor grado de compresión posible, resultando en un archivo de salida que suena lo más parecido posible al original.
- **.mp3/.ogg:** son archivos de audio comprimido que se emplean en Internet por el poco espacio que ocupan y se utilizan para audios web. El formato .ogg es libre y de código abierto (desarrollado por Xiph.org).
- **.wav** *(WaveForm Audio File):* es un archivo de audio digital de alta calidad y sin compresión de datos, por lo que ocupa mucho espacio. Se utiliza en fragmentos de muy corta duración, apenas unos segundos.

3.4. Formato de video

En la visualización de cualquier formato de archivo de vídeo es necesario que el reproductor tenga los *codecs* necesarios para su reproducción. Un *codec* es una pequeña aplicación *software* que se necesita tener instalada en el sistema para la codificación-decodificación del archivo y su reproducción. Algunas extensiones de este formato de archivo son:

- **.mp4:** es uno de los formatos más conocido. Son utilizados habitualmente por *Apple* y otros fabricantes de productos móviles compatibles con audio, imágenes estáticas y vídeo. Su contenido abarca audiolibros, canciones, películas, vídeos, fotos y pódcasts, entre otros. Son capaces de almacenar subtítulos.
- **.avi** *(Audio Video Interleaved):* es el formato de video estándar de alta calidad y genera archivos de gran tamaño. Admite codecs como DivX y Xvid, y es una buena opción para guardar videos digitales originales pero no para su publicación en Internet. La mayoría de reproductores pueden visualizarlo.
- **.mpg/.mpeg** *(Moving Pictures Expert Group):* es el formato estándar para la compresión de video digital utilizado en Internet, para reproducir con *Windows Media Player* y *QuickTime.*
- **.mov:** desarrollado para el reproductor *Quick Time* de Apple. Permite el *streaming* y la subida a Internet.
- **.ogv:** es un formato de video abierto para contenido multimedia de alta calidad (desarrollado por Xiph.org).

 Nota

El *streaming* es una tecnología que permite reproducir un archivo de audio o video sin tener que descargarlo en el ordenador.

Mediante el reproductor VLC o *VideoLan Client,* que es el reproductor multimedia libre, de código abierto y multiplataforma más empleado, se pueden abrir la mayoría de formatos de video.

3.5. Otros formatos

Se incluyen todas aquellas extensiones que tienen una función o un uso característico, como pueden ser:

- **.zip/.rar/.gz/.gzip/.tar/.tgz:** son formatos de archivos comprimidos que necesitan de un programa específico para la extracción de la información, como puede ser *Winrar/Winzip* o programas de compresión de GNU project (para .gz y .gzip).
- **.exe:** es una aplicación específica para sistemas basados en *Windows.* En un ordenador con *Windows,* la mayoría de los programas se inician haciendo doble clic en el archivo .exe o en el acceso directo correspondiente. Además, también se utilizan para instalar los programas antes de ejecutarlos.
- **.html** *(HyperText Markup Language):* es el formato de las páginas web, las cuales necesitan un navegador web para poder interactuar.

 Actividades

1. Realice un resumen de cómo se lleva a cabo la transferencia de información a través de las capas del modelo OSI.
2. Señale cuáles son las capas del modelo TCP/IP. Investigue y describa las funciones de cada una de ellas.
3. Busque información sobre otros tipos de formato de archivo y comente su uso.

 Aplicación práctica

Para conocer el *software* que se ejecuta en la capa de aplicación del modelo TCP/IP de su ordenador basta con abrir el Administrador de tareas de *Windows* (botón derecho del ratón sobre la barra de tareas). Explique qué tipo de *software* se trata y la relación del mismo con la capa de aplicación. ¿Qué modificaciones ha sufrido el modelo OSI para adaptarlo al TCP/IP?

SOLUCIÓN

Al abrir el **Administrador de tareas** en *Windows,* independientemente de la versión de *Windows* que se trate, se obtiene información en diferentes pestañas de los procesos y servicios que se ejecutan en el ordenador. La capa de aplicación del modelo TCP/IP es la que permite que se pueda interactuar con el resto de datos a través de protocolos, y se trata de todo aquel *software* (tanto aplicaciones como servicios) que favorece la comunicación de los usuarios con el equipo informático.

Las principales modificaciones del modelo OSI para adaptarlo al protocolo TCP/IP han sido la combinación de las funciones de las capas de aplicación, presentación y sesión; y también de las capas de enlace de datos y física. Como las funciones de *networking* se encuentran en las capas de transporte y red no se han fusionado, son capas individuales.

---

4. Protocolos específicos de transferencia de archivos

Los protocolos de aplicaciones tienen la responsabilidad de permitir el intercambio de datos entre aplicaciones en una red. Entre los principales protocolos específicos empleados en la transferencia de archivos se encuentran:

4.1. FTP (File Transfer Protocol)

El Protocolo de Transferencia de Archivos o FTP se implementa por primera vez en los años 70 en Massachusetts, y está orientado a la conexión para la transferencia y compartición de archivos entre sistemas conectados a una red TCP/IP. Los objetivos del protocolo FTP según el RFC 959 son:

- Promover que se compartan archivos entre máquinas remotas a través de la red.
- Como consecuencia de lo anterior, fomentar el acceso a máquinas remotas.
- Independizar las necesidades de los usuarios de diferentes sistemas de archivos utilizados en las distintas máquinas.
- Conseguir una transferencia de datos rápida y fiable.

El funcionamiento de este protocolo comienza al solicitar el usuario al servidor una comunicación mediante el puerto 21 y, posteriormente, envía las acciones a llevar a cabo con los datos, como parámetros de conexión y de gestión. Para la transferencia de información del servidor al usuario, la conexión la inicia el servidor por el puerto 20 y más tarde se envían los archivos según los datos de los parámetros anteriores.

Esquema de protocolo FTP

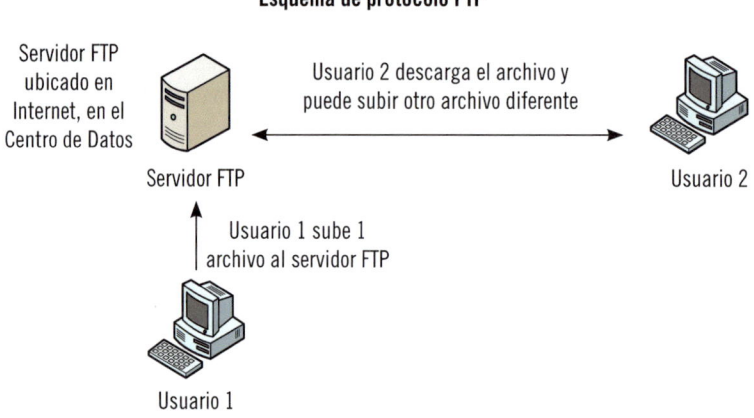

Servidor FTP ubicado en Internet, en el Centro de Datos

Servidor FTP

Usuario 2 descarga el archivo y puede subir otro archivo diferente

Usuario 2

Usuario 1 sube 1 archivo al servidor FTP

Usuario 1

 **Nota**

Un protocolo es una serie de normas o reglas para el intercambio de datos entre sistemas.

4.2. HTTP (Hypertext Transfer Protocol)

El Protocolo de Transferencia de Hipertexto (o HTTP), propuesto por Tim Berners-Lee, regula el proceso por el cual un cliente web solicita información (archivos de texto, gráficos, sonido e imágenes) a un servidor HTTP. Es el protocolo que utiliza la *World Wide Web* desde 1990 para el intercambio de información hipertextual por Internet en múltiples plataformas.

La definición de este protocolo por parte de la especificación RFC 1945 es:

Un protocolo del nivel de aplicación con la agilidad y velocidad necesaria para sistemas de información distribuidos, colaborativos y de hipermedia. Es un protocolo orientado a objetos, genérico, que puede usarse para muchas tareas extendiendo sus métodos. Una característica de HTTP es que permite que los sistemas se construyan independientemente de la información que se transfiere.

El protocolo HTPP utiliza la conexión TCP/IP para realizar las operaciones de solicitud/respuesta, donde:

- El navegador del cliente solicita al servidor el archivo o página web deseada mediante la URL (o dirección) de dicha página.
- El servidor descodifica la URL del recurso (documento HTML, fichero multimedia, aplicación, etc.) solicitado.
- El servidor responde a la petición del cliente mostrando la información requerida o un mensaje de error.

Esquema de comunicación mediante el protocolo HTTP

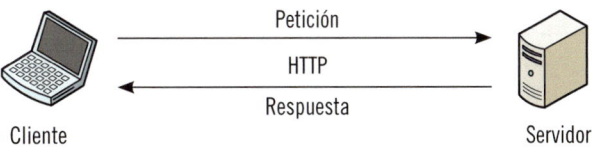

Petición

HTTP

Respuesta

Cliente

Servidor

4.3. SMTP (Simple Mail Transfer Protocol)

El Protocolo Simple de Transferencia de Correo realiza el envío y recepción de correos entre servidores, es independiente de los sistemas operativos del emisor y del receptor y es el estándar en Internet para transferir correo. Se trata de un protocolo abierto que se utiliza, mayoritariamente, junto al servicio TCP y cuyas especificaciones se definen en RFC 821 y 822.

Nota

La RFC *(Requests for Comments)* es una serie de documentos que describen los protocolos utilizados para la comunicación por Internet.

El funcionamiento de este protocolo es mediante comandos de texto enviados por el cliente al servidor SMTP (puerto 25), el cual responde mediante un número y un mensaje.

Funcionamiento básico del protocolo SMTP

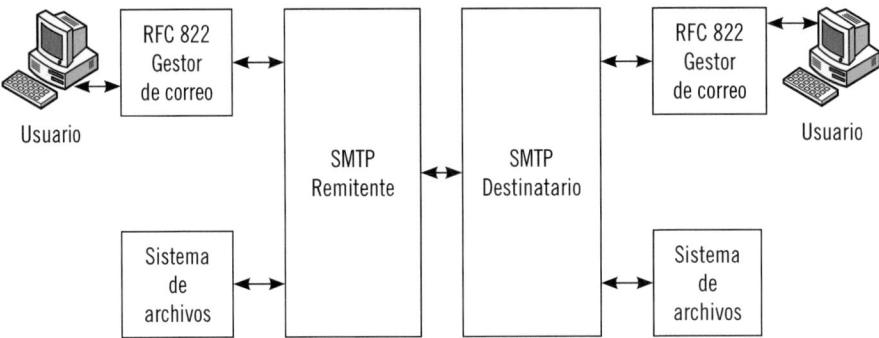

4.4. POP (Post Office Protocol)/IMAP (Internet Messages Access Protocol)

El Protocolo de Oficina de Correos (POP) se encarga del almacenamiento de los correos en un servidor remoto. La principal ventaja es la consulta de los correos electrónicos recibidos sin necesidad de una conexión a Internet. El funcionamiento de este protocolo es el siguiente:

- El cliente se conecta al servidor.
- Los mensajes recibidos se descargan en el equipo del usuario.
- Los mensajes descargados se eliminan del servidor si no se indica que se guarden.

Las principales ventajas son que se evita de esta forma la saturación de las cuentas de correo electrónico, no es necesaria la conexión a Internet para gestionar los mensajes y permite que los accesos sean más rápidos.

El Protocolo de Acceso a Mensajes de Internet (IMAP) se emplea para el acceso a mensajes de correo electrónico almacenados en un servidor siempre y cuando se cuente con una conexión a Internet. Permite administrar los *e-mails* directamente en el servidor sin tener que descargarlos en el equipo. El principal inconveniente es la ralentización de algunas operaciones, ya que cualquier cambio tiene que reflejarse para los demás clientes.

Estos dos protocolos, el POP y el IMAP, los emplean las aplicaciones de correo cliente para recuperar el correo de los servidores y necesitan autenticación de los clientes mediante usuario y contraseña (sin encriptar). Normalmente, los servidores de correo electrónico emplean POP3 (puerto 110) o IMAP (puerto 143).

Diferencias en el funcionamiento del protocolo IMAP y POP

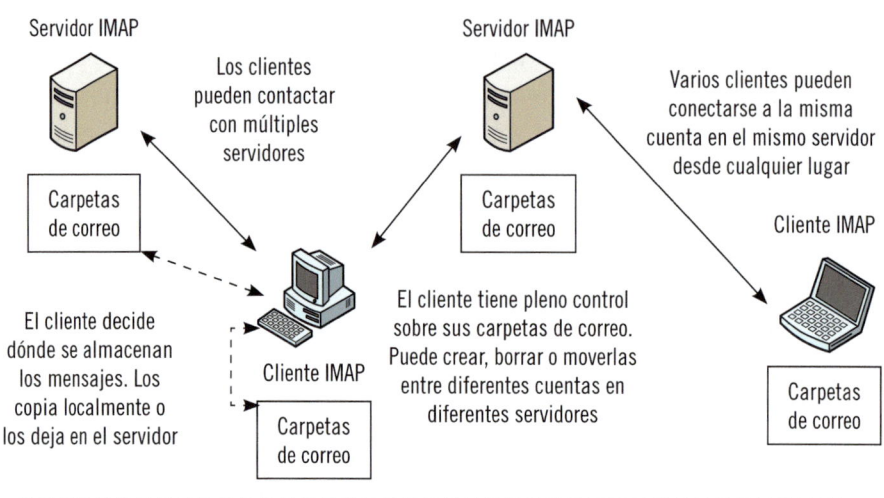

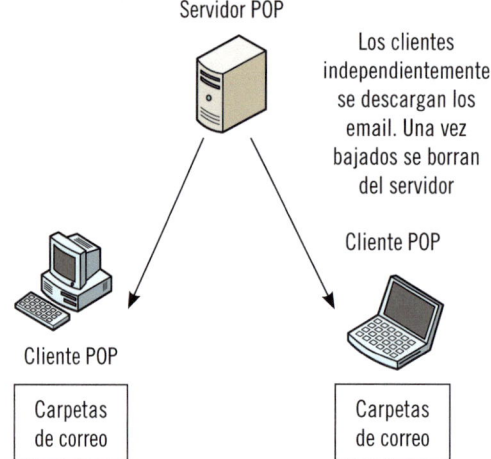

 Sabía que...

Cuando se habla de protocolo POP se hace referencia a la versión POP3 que se utiliza actualmente; las versiones anteriores del protocolo POP se han quedado desfasadas.

Aplicación práctica

Usted desea enviar información confidencial de alta calidad y en gran volumen a un ordenador situado fuera de la intranet. En este caso le indican que no hay prisa en el envío, por lo que la duración de la transferencia de datos no es limitante. ¿Qué protocolo sería el más adecuado para usar en la transferencia de los archivos?

SOLUCIÓN

Analizando la situación y al tratarse del envío de una gran cantidad de datos y además de alta calidad, se descartaría el correo electrónico, ya que el empleo de los protocolos SMTP y el POP/IMAP no se adecúa a los requisitos que hay que tener en cuenta, sobre todo para el volumen de recursos que hay que transferir.

Como es necesaria la transferencia fuera de la intranet, hay que acceder a la red de Internet, por lo que se podría utilizar tanto el protocolo FTP como el HTTP. Al tratarse de información confidencial, el protocolo FTP (con mecanismos de seguridad) es el que más fiabilidad aporta, ya que el HTTP permite el acceso público a cualquier usuario.

5. Aplicaciones. Servidor y cliente

No siempre la información a la que accede un usuario se encuentra físicamente en el ordenador que está utilizando, la mayoría de las veces está en un dispositivo diferente. En este caso, el terminal **cliente** solicita la información que necesita a un dispositivo **servidor,** el cual responde a la solicitud, conociéndose con el nombre de **modelo cliente-servidor.** Este proceso cliente-servidor se lleva a cabo por los protocolos de la **capa de aplicación,** los cuales establecen el formato de las solicitudes y respuestas, además de necesitar información añadida como puede ser la autenticación del usuario y/o la identificación del archivo que se va a transferir.

Normalmente, se conoce como servidor a cualquier ordenador que contiene la información, el programa o servicio para ser compartidos por varios clientes; y cliente al programa de aplicación en el equipo del usuario que se ejecuta para acceder a un recurso en un servidor remoto. Según el tipo de aplicación del servidor que se trate demandará una serie de datos para que el cliente pueda acceder a la información, como pueden ser las tecnologías cliente/servidor de ficheros, de bases de datos, de transacciones, de aplicaciones de objetos, de aplicaciones web y *groupware*. A continuación, se describen algunos ejemplos de servidor/cliente: FTP, web, de correo, de aplicaciones, etc.

5.1. Servidor/cliente FTP

Para la transferencia de archivos utilizando el protocolo FTP son necesarios un cliente FTP y un servidor FTP, y dos conexiones que realiza el cliente, una temporal para el intercambio de archivos y otra permanente para comandos y respuestas. La transferencia de información puede realizarse en ambos sentidos (bidireccional), según quién asuma el rol de cliente y servidor.

 **Importante**

Existen servidores FTP de acceso público a los que se puede acceder como "anonymous" y con la clave en blanco.

Los pasos que se siguen en una sesión de transferencia cliente-servidor FTP son:

- El cliente se conecta al servidor FTP por el puerto 21.
- El usuario inicia la sesión con el servidor.
- El cliente se comunica mediante comandos y el servidor emite una respuesta.
- El cliente FTP finaliza la conexión.

Esquema de las conexiones en un servidor/cliente FTP

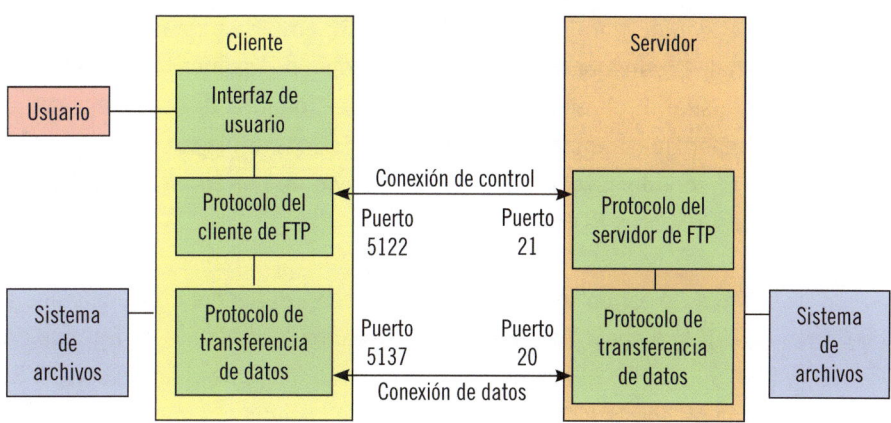

El cliente FTP de *software* libre más utilizado es *Filezilla,* que incorpora un administrador de sitios FTP y presenta una interfaz similar al **Explorador** de *Windows.* Otros programas cliente gratuitos pueden ser *FireFTP* (es una extensión para *Mozilla Firefox)* o *WinSCP* (se integra en *Windows* para añadir opciones al menú contextual y es muy ligero), entre otros. Para *Windows* la aplicación cliente FTP es *WS-FTP.*

La mayoría de servidores se montan sobre sistemas *UNIX,* siendo algunas de las aplicaciones de un servidor FTP el alojamiento web o como servidor de las copias de seguridad *(backup)* de los archivos de una empresa.

5.2. Servidor/cliente de correo electrónico

El cliente de correo electrónico es el programa que se utiliza para comunicarse con el servidor de correo, también conocido como MUA *(Mail User Agent,* Agente Usuario de Correo). Además, permite leer/escribir mensajes y su administración. Algunos de los clientes de correo electrónico más conocidos son *Mozilla Thunderbird, Microsoft Outlook, Eudora Mail,* etc.

Un **servidor de correo electrónico** puede ser de diferente tipo según el protocolo de transferencia de correo empleado. Los más usados son los servidores POP3, servidores IMAP y servidores SMTP.

El **servidor POP3** mantiene los mensajes entrantes hasta que el usuario los descarga en el equipo para su comprobación. Se emplea para el correo electrónico personal. El **servidor IMAP** guarda una copia de los mensajes hasta que los elimine el usuario, el cual también puede gestionarlos directamente en el servidor sin tener que transferirlos al equipo. Es más utilizado en el entorno empresarial. El **servidor SMTP** administra el envío de correo electrónico a Internet junto a servidores POP3 y/o IMAP.

En un servidor de correo se emplean dos procesos: el Agente de Transferencia de Correo (MTA), que envía los correos a los usuarios, y el Agente de Entrega de Correo (MDA), que recibe el correo desde un cliente u otro servidor de correo. El envío/recepción de correo electrónico funciona de la siguiente manera:

- Al enviar el mensaje al servidor de correo electrónico, o MTA, este lo vuelve a enviar al MTA del destinatario utilizando el protocolo SMTP. Es un servidor SMTP o de correo saliente.
- El MTA del destinatario envía el correo al servidor de correo entrante, también llamado MDA, donde se almacena.
- Para que el usuario recupere el correo electrónico de un MDA puede hacerlo usando el protocolo POP3 o el IMAP, mediante un programa de *software* MUA (Agente Usuario de Correo). Por eso, los servidores de correo entrante también se llaman servidores POP o servidores IMAP, según el protocolo empleado.

Esquema de envío/recepción de correo electrónico

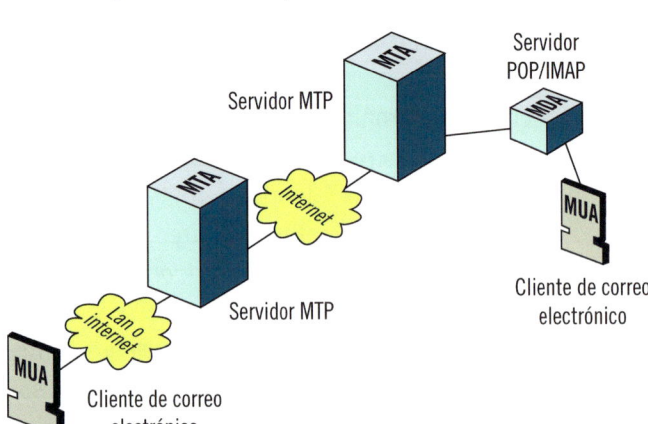

5.3. Servidor/cliente web

Un **servidor web** es un programa que, mediante el protocolo HTTP, proporciona a los clientes web los recursos solicitados y permite la compartición de datos en formato web. Mayoritariamente se encuentran ubicados en Internet, pero también ofrecen servicio a redes locales o intranets. Cuando el usuario realiza la petición al servidor a través del navegador o cliente web, lo hace mediante la URL o dirección del recurso web. Esta URL está formada por: el protocolo empleado (HTTP/FTP), el separador (//:), dirección IP o nombre del servidor que contiene el recurso, la ruta donde se ubica el recurso y dicho recurso. El servidor atiende la petición (por el puerto 80) y sirve al cliente el objeto web solicitado. Como ejemplos de servidores Web están: *CERN httpd, Apache* y *Microsoft Internet Information Server* (IIS).

 Nota

CERN httpd también se le conoce como W3C httpd y es un servidor HTTP de dominio público genérico.

El **cliente web** o navegador es una aplicación que permite interpretar el código HTML con el que está escrita la página web para mostrar su contenido e interactuar con ella mediante enlaces. Para la visualización del texto, imágenes y video son necesarios complementos que se añaden al navegador. Se pueden citar algunos navegadores web conocidos como: *Google Chrome, Mozilla Firefox, Apple Safari, Microsoft Edge, Opera, Brave*, etc.

La principal ventaja de esta tecnología cliente/servidor es que al tratarse de un sistema abierto, sin nombres de usuario ni claves, el acceso es inmediato, lo que permite la publicación de información de forma instantánea. Además, la información servida es de solo lectura ya que no permite la modificación de los datos en el origen. El funcionamiento general de un **servidor/cliente web** es el siguiente:

- El servidor web se encuentra a la espera de una solicitud por parte de un navegador.
- El usuario abre el navegador o cliente web y envía la petición.
- Se procesa la petición por parte del servidor, el cual manda el resultado al cliente.
- Cuando el usuario finaliza la conexión, el servidor se mantiene a la espera de futuras peticiones.

Funcionamiento de la tecnología cliente/servidor web

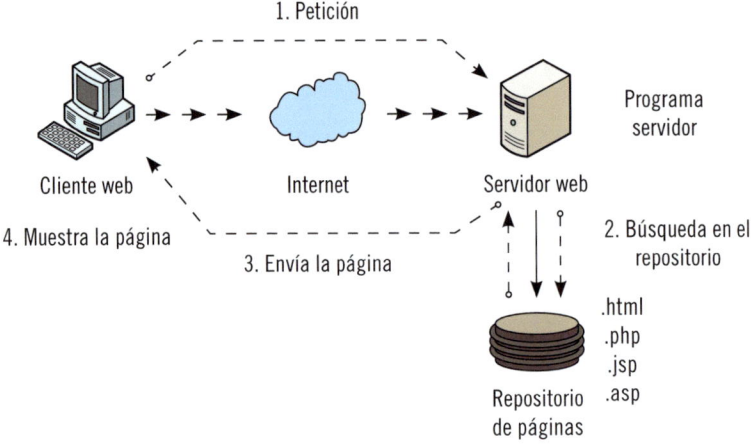

5.4. Otros: P2P (Peer-To-Peer)

Este tipo de modelo de comunicación no sigue el tradicional esquema cliente-servidor, sino que se trata de una red con una serie de nodos, que pueden actuar tanto como clientes como servidores, siendo iguales entre sí.

Esquema de la comunicación P2P

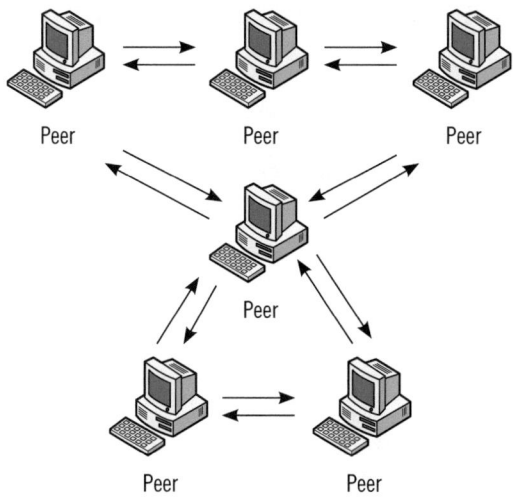

La principal ventaja es que se evita la congestión de la red al trabajar simultáneamente y siempre se mantiene abierta la transferencia de información, aunque necesita una conexión a una red de Internet o intranet. Una de las características de este modelo es que como el intercambio de información se realiza entre diferentes clientes se puede ver comprometida la seguridad del sistema.

El modelo P2P o de igual a igual o entre pares favorece el intercambio de archivos de gran tamaño y calidad a una mayor velocidad y eficiencia al no estar centralizada la información en un servidor.

 Nota

A cada nodo del modelo P2P o de igual a igual se le conoce con el nombre de *peer*.

El principal uso de las aplicaciones P2P son para cambiar recursos en una comunidad web, como motor de búsqueda o para *e-Business*. Algunas de estas aplicaciones son:

- Intercambio y almacenamiento: *BitTorrent, uTorrent, Tribler,* etc.
- Red VoIP: *Skype, Whatsapp, Discord,* etc.

Actividades

4. Realice un esquema del funcionamiento del protocolo FTP.
5. Describa qué otros tipos de modelo cliente-servidor utilizados en la transferencia de archivos existen, que sean diferentes a los estudiados.
6. Elabore una tabla en la que aparezca el tipo de cliente-servidor, el protocolo que emplea, el puerto que utiliza y las aplicaciones/programas que se pueden emplear.

6. Ancho de banda y tipos de accesos

El ancho de banda es la cantidad de información o de datos que se encuentran disponibles o se consumen a través de una conexión de red en una cantidad de tiempo determinada, expresado en bits por segundo, kilobits por segundo o megabits por segundo.

Uno de los elementos que permite la optimización del ancho de banda es la **tasa de transferencia,** entendida como la medida real del ancho de banda, siendo los principales factores que pueden influir en ella: el tipo de datos transferidos, la cantidad de usuarios y los equipos utilizados, la topología de la red y los dispositivos de la misma.

El tipo de acceso del que se dispone condiciona la velocidad máxima de transferencia de datos, pudiendo ser fija o móvil. Entre los tipos de acceso más utilizados en la actualidad se encuentran:

- **Conexión xDSL (Digital Suscriber Line):** se suministra a través de la red telefónica convencional (par trenzado de cobre) mediante un módem que convierte la información en una señal eléctrica y con filtros se separa de la frecuencia empleada para la voz, por lo que no hay interferencias con el uso de Internet. El ordenador que se utilice debe contar con una placa de red Ethernet. Los servicios se contratan con un proveedor de acceso a diferentes velocidades, teniendo en cuenta que en ADSL varía de 256 kbps a 8 Mbps; en ADSL2 o ADSL2+ hasta 24 Mbps; en VDSL a 52 Mbps; y en VDSL2 hasta una velocidad de 100 Mbps. Presenta limitaciones geográficas y de navegación más lenta en horarios donde muchos usuarios puedan conectarse a la vez.

Familia	ITU	Nombre	Ratificado	Capacidad máxima de velocidad
ADSL	G.992.1	G.dmt	1999	7 Mbps de bajada 800 Kbps de subida
ADSL2	G.992.3	G.dmt.bis	2002	8 Mb/s de bajada 1 Mbps de subida
ADSL2 plus	G.992.5	ADSL2plus	2003	24 Mbps de bajada 1 Mbps de subida
ADSL-RE	G.992.3	Reach Extended (alcance extendido)	2003	8 Mbps de bajada 1 Mbps de subida
SHDSL	G.991.2	G.SHDSL	2003	5,6 Mbps de subida/bajada
VDSL	G.993.1	Very-high-date-rate-DSL (Muy alta velocidad de datos)	2004	55 Mbps de bajada 15 Mbps de subida
VDSL2-12 MHz Largo alcance	G.993.2	Very-high-date-rate-DSL 2(Muy alta velocidad de datos)	2005	55 Mbps de bajada 30 Mbps de subida

Continúa en página siguiente >>

<< Viene de página anterior

Familia	ITU	Nombre	Ratificado	Capacidad máxima de velocidad
VDSL2-30 MHz Corto alzance	G.993.2	Very-high-date-rate-DSL 2 (Muy alta velocidad de datos)	2005	100 Mbps de subida/bajada

- **Fibra óptica:** permite elevadas velocidades de transmisión (hasta 1 Gbit/seg) con tecnologías ópticas al emplear las ondas de luz para transmitir la información en binario, siendo un pulso de luz un bit 1 y la ausencia de luz un bit 0. Al presentar una mínima atenuación puede transmitirse a mayores longitudes y no tiene interferencias de las ondas electromagnéticas. El principal inconveniente es el coste elevado en instalación y mantenimiento, por lo que se emplea para largas distancias o grandes cantidades de información.
- **Tecnologías 2G, 3G, 4G y 5G:** se utilizan en dispositivos como teléfonos móviles, tablets, ordenadores portátiles con módem USB, etc. Permite el envío y recepción de datos a velocidades elevadas que posibilitan el acceso a videos en HD (Alta Definición) y a Internet. La velocidad de transferencia en redes 2G puede llegar a los 800 kbps, en 3G puede alcanzar los 2 Mbps en 4G hasta los 200 Mbps y en 5G hasta los 10 Gbps.

 Actividades

7. Señale qué diferencias existen entre una conexión XDSL y de fibra óptica.
8. Investigue la velocidad de conexión y principales características de las tecnologías 2G, 3G, 4G y 5G.

Aplicación práctica

Una empresa multinacional contrata a un técnico informático para la ampliación de servicios a sus clientes mediante la creación de una tienda *online*. ¿Qué tipo de servidores serían necesarios para el funcionamiento correcto de la misma? ¿Qué tipo de conexión a Internet precisarían los equipos?

SOLUCIÓN

En primer lugar, hay que realizar la página web de la tienda *online*, la cual se publica por medio de un servidor web. Los pedidos se reciben y se envían las respuestas al cliente por *e-mail*, por lo que también es necesario un servidor de correo electrónico y un servidor de base de datos donde se almacenen las compra-ventas realizadas.

En segundo lugar, el tipo de conexión a la red de los equipos utilizados en la empresa debería ser como mínimo ADSL2/ADSL2+ o de fibra óptica, dependiendo de los costes de instalación y de las limitaciones geográficas, garantizando siempre una conexión estable con los servidores y los equipos de la red de la empresa.

7. Servicios de ficheros

Un servicio de ficheros consiste en un gran almacenamiento de aplicaciones y/o datos en el servidor, que deben descargarse en los equipos cuando se desee utilizar. Esto hace que los requerimientos por parte de los dispositivos de la red sean menores.

La principal función de los servidores de ficheros es el intercambio de documentos que se encuentran almacenados en ellos, por lo que no es aconsejable emplearlos para el almacenamiento personal de música, *software*, etc., ni de copias de seguridad de ningún tipo. Como servidores de ficheros se pueden mencionar: NFS, CIFS/SAMBA y SAMBA; cuyas características y funciones se detallan a continuación.

7.1. NFS

El Sistema de Archivos de Red o *Network File System* (NFS) lo desarrolla SUN Microsystems en 1984. Lo utilizan los sistemas UNIX para acceder remotamente a un sistema de archivos de una red como si se tratase de archivos locales. Se trata de un protocolo a nivel de la capa de aplicación del modelo OSI y en el que el servidor no recuerda las solicitudes que se han hecho con anterioridad, ya que en cada procedimiento se encuentra toda la información necesaria para la finalización del mismo. Tampoco es posible la recuperación frente a fallos.

Las principales versiones de NFS son: NFSv2, NFSv3 y NFSv4.

 Importante

Para el funcionamiento de NFS se utiliza el protocolo RPC (Llamada a Procedimiento Remoto), que permite ejecutar código en un servidor desde un cliente a través de *sockets.*

Las versiones 2 y 3 utilizan TCP y UDP como protocolos de transporte y tienen como mecanismos de seguridad los permisos de acceso o el empleo de un usuario o grupo. La versión 4 solo TCP, y presenta para la seguridad el servicio Kerberos y las Listas de Control de Acceso (ACL).

El servicio NFS resulta útil cuando hay que compartir archivos entre sistemas heterogéneos, incluso con diferente *hardware.*

7.2. CIFS/SAMBA

El *Common Internet File System* (desarrollado por Microsoft para *Windows)* es una actualización del protocolo SMB (Bloque de Mensajes del Servidor) que permite la conexión de un equipo cliente, por medio de una red de área local, a otro servidor para acceder a sus archivos. Este protocolo facilita la comunicación de una máquina *Windows* con un servidor SAMBA y, además, admite que sistemas mixtos *Windows* y *GNU/Linux* convivan en la misma red de área local.

Esquema del servicio de fichero CIFS

Usuario 1 ←——————————————→ Usuario 2
CIFS (Samba)
Servicio para compartir archivos e impresoras

7.3. SAMBA

Desarrollado en 1991 por Andrew Tridgell y mantenido por The Samba Team, se trata de un conjunto de utilidades de código abierto (OSS, *Open Source Software)* y multiplataforma que actúa como servidores de ficheros, impresoras e incluso dominios entre sistemas y equipos *Windows/Linux.*

Esquema de la distribución del servicio de ficheros SAMBA

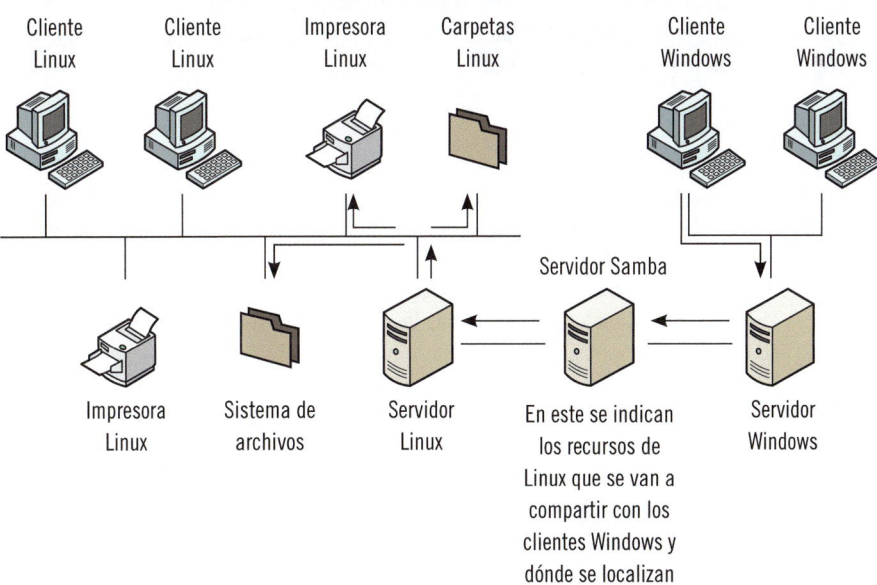

Cliente Linux Cliente Linux Impresora Linux Carpetas Linux Cliente Windows Cliente Windows

Servidor Samba

Impresora Linux Sistema de archivos Servidor Linux En este se indican los recursos de Linux que se van a compartir con los clientes Windows y dónde se localizan Servidor Windows

Permite la coexistencia de equipos *Windows* y *Unix* en la red, con la ventaja de contar con las funciones de un servidor Windows NT, tener un área común de datos para transiciones Unix/NT o viceversa y compartir impresoras y acceder a ficheros entre clientes *Windows* y *Unix*.

El sitio principal de SAMBA se encuentra en: <http://www.samba.org>.

 Actividades

9. Elabore un esquema con las principales características de los servicios de ficheros NFS, CIFS/SAMBA y SAMBA.

 Aplicación práctica

Se quiere configurar un ordenador con un sistema operativo *Ubuntu* de forma que permita compartir la impresora y los directorios de los usuarios con los equipos *Windows* y *Unix* de la red. Como técnico del departamento de informática de la empresa solucione el problema de la mejor manera posible.

SOLUCIÓN

Al tratarse del acceso a información y recursos de impresión por parte de diferentes sistemas operativos *(Windows/Unix)* es recomendable la instalación de un servidor SAMBA, y además el servidor utilizado es *Ubuntu,* indicando en la configuración del mismo la utilización de la impresora por parte de aquel usuario de la red que tenga permiso, además de que el acceso a los directorios por parte de los usuarios sea de solo lectura para evitar modificaciones de la información en el origen.

En el resto de los equipos hay que instalar y configurar un cliente SAMBA para poder acceder a los archivos y recursos de impresión.

8. Resumen

El modelo de comunicaciones estándar para el transporte de archivos por Internet es el modelo TCP/IP, el cual al compararlo con el modelo de referencia OSI (Interconexión de Sistemas Abiertos, *Open Systems Interconnection)* presenta algunas diferencias en cuanto al número de capas al combinarse algunas de ellas.

Solo algunos de los protocolos existentes son los que se utilizan para la transferencia de información entre equipos, ya sea a través de la intranet como por Internet, siendo algunos de los más importantes el protocolo FTP *(File Transfer Protocol)*, el HTTP *(HyperText Transfer Protocol)*, el SMTP *(Simple Mail Transfer Protocol)*, el POP *(Post Office Protocol)* y el IMAP *(Internet Message Access Protocol)*.

La arquitectura de los equipos para la transferencia de recursos (datos, imágenes, video, etc.) sigue el modelo cliente-servidor, cuyo funcionamiento es diferente por el protocolo empleado en la comunicación, siendo algunos tipos el servidor/cliente FTP, el servidor/cliente web y el de correo electrónico, entre otros; aunque no todos siguen este modelo de arquitectura como puede ser el caso del P2P, con importantes ventajas respecto al modelo cliente-servidor debido a la descentralización.

Existen diferentes servidores de ficheros para el intercambio de archivos entre equipos en función de si el sistema operativo es *Windows* o *Unix,* siendo los principales NFS *(Network File System)*, CIFS/SMB *(Common Internet File System/Server Message Block)* y SAMBA.

Ejercicios de repaso y autoevaluación

1. **¿Qué es la transferencia de archivos?**

_____

_____

_____

_____

2. **Indique si las siguientes afirmaciones son verdaderas o falsas.**

   a. La comunicación en Internet se realiza por medio protocolos de red.

   ☐ Verdadero
   ☐ Falso

   b. El modelo de capas de referencia es el modelo ISO.

   ☐ Verdadero
   ☐ Falso

   c. La información que se transfiere por la red se divide en paquetes.

   ☐ Verdadero
   ☐ Falso

   d. El modelo TCP/IP está formado por cuatro capas: aplicación, transporte, Internet y red.

   ☐ Verdadero
   ☐ Falso

3. **Relacione cada archivo con el tipo de formato que se trate:**

   a. Video.
   b. Imagen.
   c. Texto.

   ___ .odp
   ___ .ogv
   ___ .tiff
   ___ .avi
   ___ .png
   ___ .pdf
   ___ .mpeg

4. **¿Para qué se emplea el protocolo FTP?**

   a. Para la conexión a un servidor HTTP.
   b. Para el envío de correos entre servidores.
   c. Para la transferencia y compartición de archivos entre sistemas conectados a una red TCP/IP.
   d. Para la compartición de archivos en un servidor web.

5. **Coloque en el espacio en blanco la palabra más adecuada.**

   a. El protocolo _____ es el estándar en Internet para el envío y recepción de correos entre _____.
   b. El Protocolo de Transferencia de _____ se emplea desde 1990 para el intercambio de información _____.
   c. _____ los utilizan las aplicaciones de correo cliente para recuperar el correo de los servidores mediante _____.

6. **Defina FTP.**

_____

_____

_____

_____

_____

_____

_____

7. **Rellene la tabla siguiente de los tipos de cliente/servidor con algunas características significativas de cada uno.**

Tipo cliente/servidor	Características
FTP	
WEB	
CORREO ELECTRÓNICO	

8. ¿Cómo funciona un servidor/cliente web?

_____

_____

_____

_____

_____

_____

_____

9. Explique la diferencia entre un cliente y un servidor.

_____

_____

_____

_____

10. ¿Qué servidores no siguen el tradicional modelo cliente-servidor?

_____

_____

_____

_____

11. Enumere algunos tipos de tecnologías cliente/servidor.

_____

_____

12. ¿A qué se hace referencia cuando se habla de ancho de banda? ¿Y de tasa de transferencia?

_____

_____

_____

_____

13. **Indique cuáles son los tipos de acceso de ancho de banda más utilizados.**

_____

_____

_____

_____

14. **¿Qué afirmación acerca del servicio de ficheros no es correcta? Justifique la respuesta.**

    a. NFS lo emplea _Windows_ para el acceso remoto a un sistema de archivos a través de la red.

    b. El _Common Internet File System_ es una actualización del protocolo SMB.

    c. Un servicio de ficheros es un almacenamiento de aplicaciones y/o datos en el servidor que hay que descargarse cuando se desee utilizar.

15. **¿Cuáles son los servidores de ficheros?**

_____

_____

_____

_____

Capítulo 2

Instalación y configuración de servidores de transferencia de archivos

Contenido

1. Introducción

A lo largo de este capítulo se describirán cuáles son los parámetros y configuraciones que hay que realizar antes de poner en funcionamiento un servidor de transferencia de archivos, así como las características principales en la seguridad de un servidor de este tipo.

El servidor basado en FTP *(File Transfer Protocol* o Protocolo de Transferencia de Archivos) es el más utilizado tanto para la transferencia como para el almacenamiento de datos, ya que los requisitos del equipo donde alojar el servidor son mínimos.

El *software* que se analiza a continuación para los servidores de transferencia de archivos (FTP) es libre y de código abierto. En función de los diferentes sistemas operativos o plataformas *(Unix, GNU/Linux* o *Windows)* que lo soporten se va a utilizar como servidor FTP a *Filezilla Server* y *Very Secure* FTPD.

A continuación, se describen los pasos más importantes a tener en cuenta durante la instalación y configuración de un servidor FTP.

2. Funcionamiento y tipos de servidores

Se conoce como servidor al **software** (aplicación o programa informático) que se encuentra instalado en el sistema operativo de un equipo y que permite que se configure dicho equipo como un servidor en una red local, para acceder a los recursos que se encuentren en esa red.

También se llama **servidor** a cualquier equipo informático con un *hardware* determinado que suministra la información que le solicitan otros ordenadores llamados clientes. La capacidad de almacenamiento y de memoria en un servidor físico es superior a la de un equipo normal, ya que tiene que responder de forma rápida y eficiente a las posibles demandas de información que tenga en un momento dado por los clientes que se conecten al mismo.

En la elección de un equipo servidor hay que tener en cuenta principalmente aspectos como el procesador instalado (velocidad, núcleos, arquitectura, etc.), la memoria RAM (cantidad, tipo, velocidad, etc.) y el sistema de ficheros (tecnología, capacidad, velocidad de transferencia, etc.), entre otros.

El funcionamiento de un servidor es permanente, ya que tiene que estar conectado las veinticuatro horas del día durante todos los días del año. En un servidor de transferencia de archivos FTP cuando un cliente solicita al servidor un recurso como un archivo, una base de datos, una aplicación, etc. , se inicia la conexión con el servidor en el puerto 21 (conexión de control), llevándose a cabo la autentificación del cliente. Mediante comandos que se envían al servidor a través de esta conexión de control, se abre el puerto de datos (20) para realizar la transferencia de información. Una vez transferidos los recursos solicitados se cierra la conexión de datos.

Funcionamiento de un servidor de transferencia de archivos

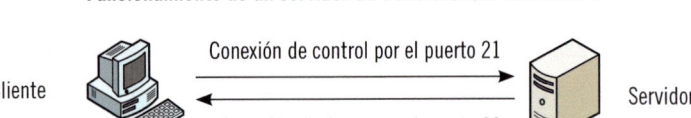

Una conexión FTP puede realizarse en modo activo o pasivo en función de quién inicie la conexión de datos, si se realiza desde el servidor o es el cliente el que abre la conexión. El modo activo es el que se utiliza en la comunicación por defecto y en el cual:

- Se crea un canal de control al establecerse una conexión con la IP del servidor y desde un puerto cliente al puerto 21 del servidor.
- Una vez conectado se envía el comando PORT al servidor para indicar el número de puerto a utilizar en el servidor para la conexión de datos.
- El envío de archivos se realiza por el canal de datos, que se establece al conectarse el servidor desde el puerto 20 hasta el puerto del cliente indicado con el comando PORT.

Esquema del modo activo de un servidor FTP

Puerto de control 1035		Puerto de control 21

1 Mandar comando PORT y el puerto 1036
IP cliente: 1035 - IP servidor FTP: 21

2. Enviar comando ACK
IP: Servidor FTP: 21 - IP cliente: 1035

Cliente   Servidor FTP

3. Enviar datos
IP servidor FTP: 20 - IP cliente 1036

4. Enviar comando ACK
IP cliente: 1036 - IP servidor FTP: 20

Puerto de datos 1035		Puerto de datos 20

En el modo pasivo, la conexión se realiza igual que en el modo activo, siendo el cliente el que inicia la conexión cuando:

- Establece un canal de control con la dirección IP del servidor y desde cualquier puerto del cliente al puerto 21 del servidor.
- La diferencia es que el cliente envía el comando PASV y el servidor le indica el puerto disponible (no determinado).
- Se crea un canal de datos para el envío de archivos, estableciéndose una conexión física desde un puerto del cliente hasta el indicado por el comando PASV en el servidor.

Esquema del modo pasivo de un servidor FTP

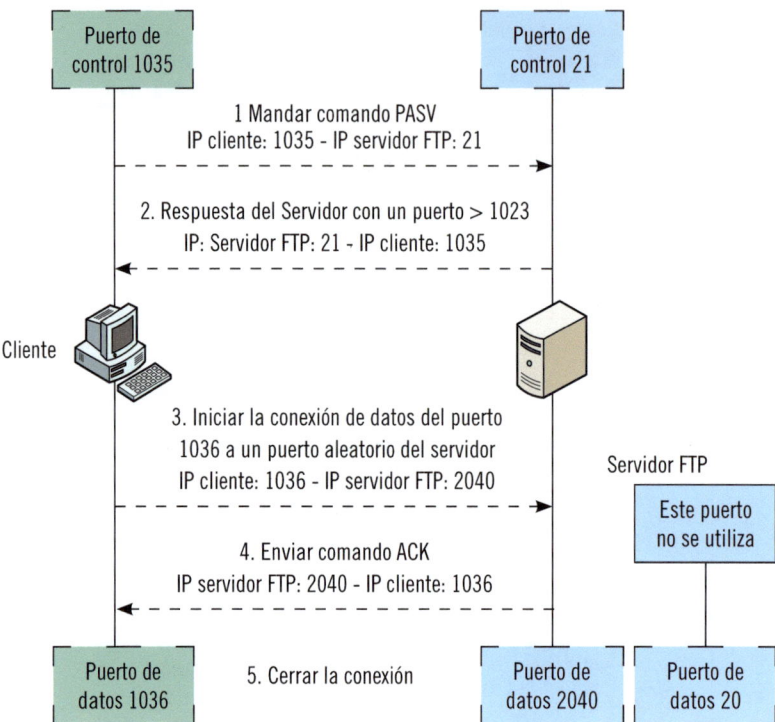

La conexión con el servidor de archivos puede realizarse por distintos métodos, como puede ser un cliente FTP *(Filezilla,* etc.), la interfaz de comandos o un navegador web. A continuación, se realiza una breve descripción de cada uno de ellos.

Interfaz de comandos

Tanto en *Linux* como en *Windows* se puede utilizar el comando **ftp** en la consola de comandos, ya que el servicio FTP lo incorporan los sistemas operativos por defecto en la interfaz de comandos. Así, los comandos más comunes que se utilizan durante una conexión FTP con el servidor se describen en la siguiente tabla.

PRINCIPALES COMANDOS A UTILIZAR EN UNA CONEXIÓN FTP MEDIANTE LA INTERFAZ DE COMANDOS	
ftp	Conexión con el servidor
user	Nombre de usuario
pass	Contraseña
?	Comandos disponibles
asen	Descarga/subida como texto plano
binary	Descarga/subida en modo binario
put	Subir archivos
get	Descargar archivos
ls/dir	Listado de un directorio
cd	Cambia de directorio
bye	Cierre de conexión

 Sabía que...

Mediante el comando **ftp *server_name*** se inicia una sesión FTP, siendo *server_name* el nombre o dirección IP de la máquina remota a la que el usuario quiere conectarse.

Cliente FTP gráfico

Mediante la interfaz gráfica se facilita la conexión con el servidor y evita que el usuario tenga que acceder mediante comandos. Existen diferentes clientes gráficos en función de la plataforma utilizada en el equipo. Algunos ejemplos de clientes gráficos FTP son *Filezilla* para *Windows* (versiones posteriores a la 3.0.0 son multiplataforma) o *gFTP* para *Unix*.

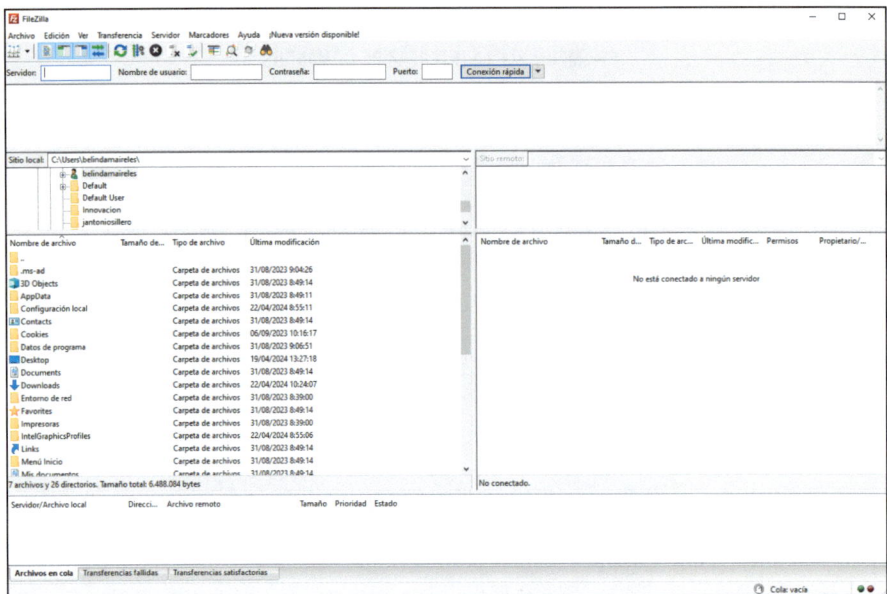

Estructura del cliente Filezilla

2.1. Tipos de servidores

Los servidores se pueden clasificar según su ubicación o localización en **locales** y **remotos,** y según la utilidad del servidor en **dedicados** y **no dedicados.**

Nota

Con servidor se hace referencia tanto al *hardware* como al *software* utilizado para el almacenamiento de información.

Además, hay diferentes tipos de servidores, siendo algunos de los más importantes:

- **Servidor de correo:** es una aplicación que realiza todas las operaciones de almacenamiento, envío y recepción de información por *e-mail* mediante una conexión de Internet y/o una red (LAN y WAN).

Funcionamiento de un servidor de correo

Internet — Firewall

POP3
Usuario final — Servidor de correo

- **Servidor de base de datos:** se encarga del almacenamiento y gestión de las bases de datos, las cuales acumulan una gran cantidad de datos, y tiene que estar disponible para los clientes de la misma de una manera segura.

Esquema de un servidor de base de datos

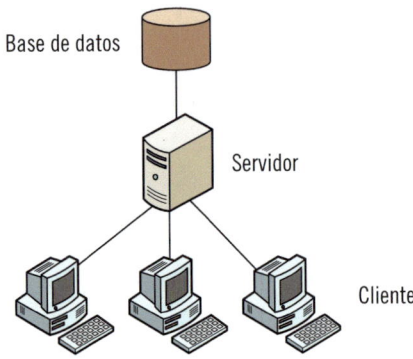

Servidor web: en él se recoge y envía toda la información de los clientes
en formato HTML y otros recursos como imágenes, audio y video mediante el protocolo HTTP.

Estructura de una red con servidor web

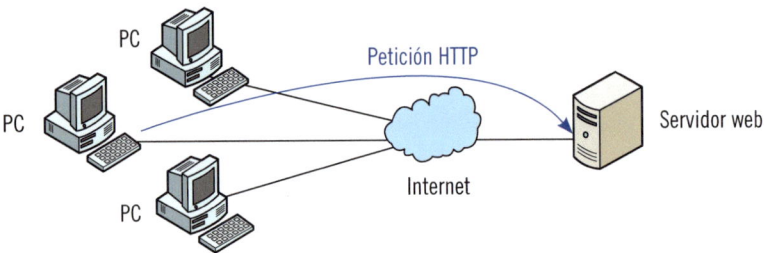

Servidor proxy: es un equipo intermediario en la comunicación que se
utiliza como filtro para peticiones que realiza el cliente al servidor, pu-
diéndose bloquear los accesos a determinados sitios web.

Disposición de un servidor proxy en una red

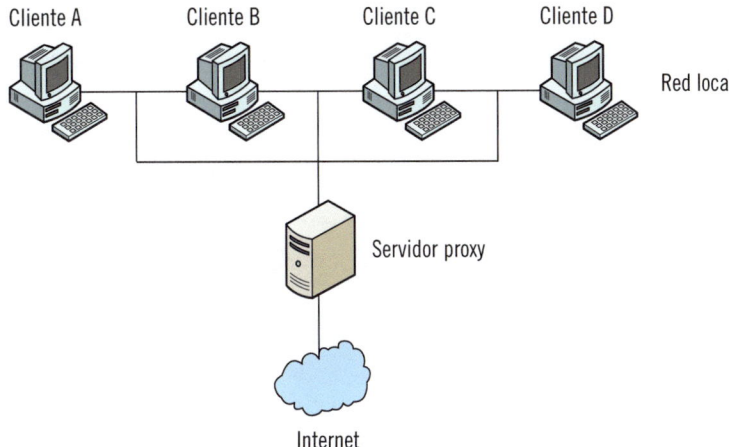

Cliente A   Cliente B   Cliente C   Cliente D

Red local

Servidor proxy

Internet

- **Servidor FTP:** permite la transferencia de archivos de forma segura y remota a través de una conexión determinada. Entre algunas de las aplicaciones de estos servidores se encuentran: servidor de copias de seguridad y para alojamiento web.

Funcionamiento de un servidor FTP

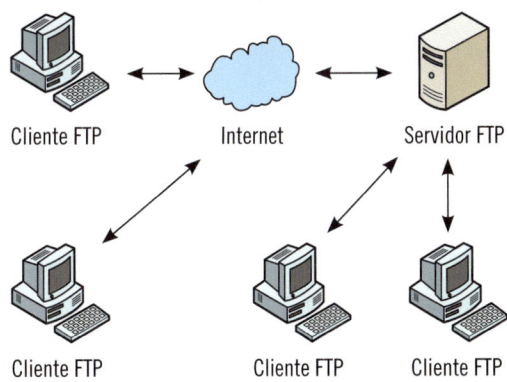

Cliente FTP   Internet   Servidor FTP

Cliente FTP   Cliente FTP   Cliente FTP

■ **Servidor de imágenes:** permite el almacenamiento de un gran volumen de imágenes sin consumir apenas recursos. Algunos de los más conocidos son gratuitos y cuentan con alojamiento con límite de capacidad para los datos del cliente.

Logo de un servidor
de imágenes gratuito

■ **Servidor audio/video:** muestra contenido multimedia en los sitios web a través del *streaming* (flujo) de la información almacenada sin necesidad de una descarga previa de los archivos.

Distribución de una red con servidor de *streaming*

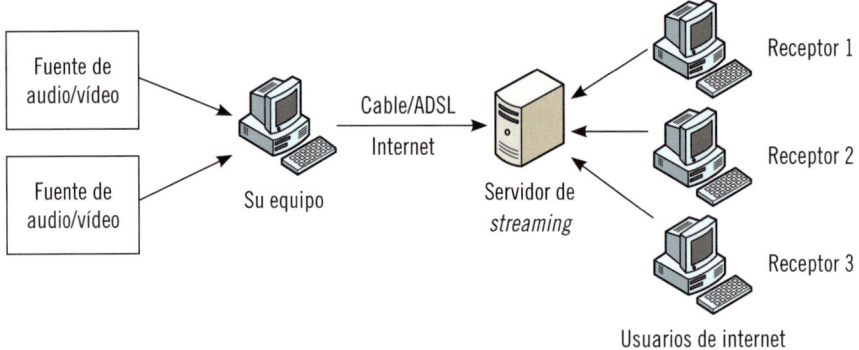

Actividades

1. Realice un esquema de cómo funciona un servidor.
2. Investigue qué otros tipos de servidores de transferencia de archivos existen y su utilidad.
3. Señale qué otros comandos se utilizan en una conexión FTP.

 Aplicación práctica

Para llevar a cabo un proyecto de administración de los equipos informáticos de una empresa, toda la información necesaria se encuentra en un servidor llamado "ftp.rediris.es". Pruebe en su equipo e indique los pasos a llevar a cabo para acceder a los archivos de este servidor FTP.

SOLUCIÓN

A la información que se encuentra almacenada en el servidor "ftp.rediris.es" se puede acceder como cliente desde cualquier ordenador utilizando:

I Línea de comandos: se realiza la conexión al servidor FTP empleando el **Símbolo** del sistema en *Windows* y/o Terminal en Unix. Para abrir una conexión ftp con el servidor se teclea "ftp ftp.rediris.es" y aparece toda la información de conexión, solicitando además el usuario y una contraseña. Al tratarse de una conexión FTP anónima el usuario es *anonymous* y no se pone ninguna contraseña. Mediante los comandos disponibles en el servidor se realizan las acciones deseadas. Se cierra la conexión con el servidor mediante el comando **bye.**

I Cliente gráfico: para acceder al servidor gráficamente es necesario un cliente según el sistema operativo del ordenador que quiera conectarse con el servidor FTP, como *Filezilla* para *Windows* o *gFTP* para Unix. Para ello, hay que instalar previamente el cliente FTP con las opciones por defecto, *Filezilla* se descarga de la web oficial (<https:// www.filezilla-project.org>) y gFTP se instala mediante el comando correspondiente (en *GNU/Linux* con **sudo apt-get install gftp).** Iniciado el cliente se establece la conexión con el usuario *anonymous,* siendo el servidor "ftp.rediris.es". Todos los mensajes intercambiados entre el sitio local (cliente) y el sitio remoto (servidor) vía FTP son visibles.

3. Plataformas habituales HW y SW

Una **plataforma** informática abarca tanto el *software* como el *hardware* que son necesarios para permitir la ejecución de un programa y/o aplicación, siendo la plataforma *hardware* aquella que hace referencia a la arquitectura del ordenador, como puede ser x86 o Macintosh; y la *plataforma software* se trata del sistema operativo, interfaces del usuario y/o entorno de programación. Algunos ejemplos son *Android, Solaris, Linux, Windows,* etc.

 **Nota**

Como ejemplos de arquitectura para la plataforma Macintosh se encuentran PowerPC y SPARC, entre otros.

Los requerimientos generales del *hardware* y *software* necesarios para el funcionamiento de un servidor de transferencia de archivos se describen a continuación.

3.1. Requisitos HW habituales

Un servidor de transferencia de archivos es un equipo informático de altas prestaciones que se utiliza para el almacenamiento de una gran cantidad de información, la cual tiene que encontrarse accesible para todo aquel usuario que lo requiera en un instante determinado, desde unas decenas a cientos de miles de clientes, y su ubicación puede estar en un CPD (Centro de Procesamiento de Datos) o en instalaciones específicas de la misma empresa. Así, los principales requisitos de *hardware* a tener en cuenta en un servidor de transferencia de archivos se describen a continuación.

Sistema de alimentación

Un Sistema de Alimentación Ininterrumpida (SAI), también conocido como UPS *(Uninterruptable Power Supply)*, es un dispositivo que garantiza un suministro de electricidad continuo al servidor, evitando las posibles caídas y protegiendo de los picos de tensión que pueden afectar a los equipos. Las principales características que hay que tener en cuenta para la elección de un dispositivo adecuado son:

- **Potencia:** la potencia del SAI debe ser superior a la del equipo en el que se vaya a conectar, por lo cual es indispensable conocer su consumo. Para calcularla se puede multiplicar la potencia efectiva por 1'4 o la corriente (amperios) por la tensión (voltios). En ambos casos se obtiene la potencia aparente (VA).

- **Autonomía:** es el tiempo durante el cual un SAI va a mantener funcionando un equipo en caso de ausencia de corriente eléctrica.

En el mercado existen diferentes tipos de SAI según su funcionamiento y el uso que vaya a tener, y son:

- *Offline:* se alimenta de la red eléctrica y cuando falla el suministro se pone en funcionamiento. Hay un periodo de tiempo en el cual no proporciona energía al equipo conectado. Se emplea en el entorno doméstico.
- *Inline:* cuenta con filtros que estabilizan la entrada de corriente y, al igual que en el anterior, hay un tiempo durante el cual no abastece energía. Se utiliza en las pequeñas empresas.
- *Online:* se genera la energía a partir de las baterías, las cuales están en funcionamiento permanente y tienen que cambiarse más a menudo. Son los usados para servidores y equipos de altas prestaciones.

Sistema de alimentación ininterrumpida (SAI) para servidor (izquierda) y para ordenador de sobremesa (derecha)

Almacenamiento

Los discos duros de los que consta un servidor en la actualidad pueden ser SATA, SAS o SCSI, con un sistema RAID *(Redundant Array of Independent*

Disks o conjunto redundante de discos independientes) que los controle. Hay que tener en cuenta además la velocidad del mismo (en rpm o revoluciones por minuto), y que la capacidad de estos sea lo suficientemente grande como para albergar toda aquella información que necesiten los usuarios.

La configuración de los discos de un servidor en RAID permite la distribución de los datos, consiguiendo una mayor velocidad y tolerancia a fallos. Existen diferentes configuraciones desde RAID 0 a RAID 6, y algunas de ellas son:

- **RAID 0:** los datos se distribuyen en bloques repartidos entre los discos, formando un volumen y maximizando el rendimiento. Al no guardarse información redundante, en caso de fallo se pierden todos los datos. No se utiliza en servidores.

Ejemplo de configuración Raid 0

Tamaño total = 480 Gb

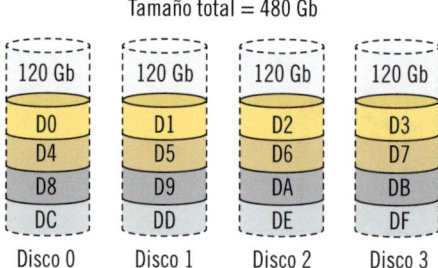

- **RAID 1:** está formado por dos discos duros en los que se duplican los datos constantemente, por lo que en caso de fallo de uno de los dos discos no se pierde la información. La lectura de los datos es indistinta del disco que se trate, lo que aumenta la velocidad, aunque la escritura solo se realiza en uno de ellos para duplicarse en la otra unidad.

Ejemplo de configuración Raid 1

Tamaño total = 240 Gb

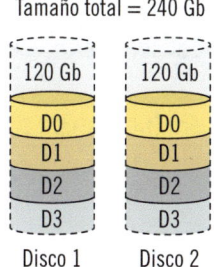

Disco 1   Disco 2

- **RAID 5:** la forman tres o más unidades de disco con datos divididos en bloques, llamados divisiones. Cuenta con paridad en todas las unidades para recrear datos perdidos de una unidad. La capacidad de un volumen RAID 5 es el tamaño de la unidad más pequeña multiplicado por la cantidad de unidades menos uno. Tiene alto rendimiento, por lo que se puede utilizar en servidores.

Ejemplo de configuración Raid 5

Tamaño total = 480 Gb

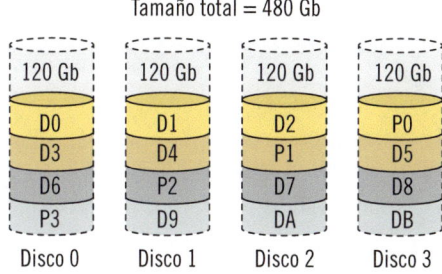

Disco 0   Disco 1   Disco 2   Disco 3

Memoria RAM

Cuando se maneja una cantidad de datos elevada es necesario que la memoria RAM sea suficiente, ya que en caso contrario empiezan a ralentizarse los procesos. El rendimiento de un servidor está relacionado con la capacidad de su memoria RAM, y las opciones de configuración de la memoria afectan tanto a la velocidad como al ancho de banda. Algunas características a tener en cuenta en la selección de una memoria RAM adecuada para el servidor son:

- La velocidad máxima de la RAM depende del modelo de procesador.
- Tiene que ser compatible para la plataforma del servidor, y en función del tipo de procesador del servidor se puede utilizar un número máximo de módulos.
- Dejar una ranura para ampliar la capacidad en el futuro. Por ejemplo, utilizar tres módulos de 8 GB por procesador en vez de seis módulos de 4 GB por procesador.

Módulo de memoria RAM utilizada en servidores (RDIMM o módulo de memoria de doble línea registrado).

Procesador

Es importante que el procesador empleado sea específico para servidores, como, por ejemplo, Xeon de Intel u Opteron de AMD, ya que cuentan con la tecnología necesaria que garantiza una potencia adecuada y la eficacia del procesamiento en función del volumen de información. Además, presentan un mayor número de núcleos y una caché de más volumen, lo que favorece un óptimo rendimiento y mejora la capacidad de respuesta, tanto del propio equipo servidor como de los dispositivos periféricos.

Entre las características que hay que valorar para la elección de un procesador como servidor se encuentran:

- Arquitectura de la familia.
- Frecuencia.
- Caché.

- Consumo.
- *Socket.*
- Cores e hilos.
- Disipación de calor.
- Otros: extensiones, *software,* etc.

Ejemplos de procesadores para servidor de diferentes fabricantes

Copias de seguridad

La realización de un *backup* periódico de la información almacenada en el servidor resulta adecuada para recuperar los datos que pueden perderse en caso de fallo o colapso. Mediante la realización de copias de seguridad del servidor se protegen los archivos, las aplicaciones, el sistema operativo, etc.

Algunas de las causas que pueden provocar la pérdida de información son:

- Programa malicioso.
- Rotura del disco duro.
- Mal funcionamiento.

Además, las copias de seguridad se pueden programar para su ejecución automática por parte del sistema, por lo que es necesario establecer una política de realización de copias de seguridad. Como mínimo es recomendable realizar copias diarias de los archivos modificados y una copia completa semanal.

Según la cantidad de información que hay que guardar, se diferencian las copias en:

- **Copia de seguridad total:** se realiza una copia de todos los archivos y directorios del servidor.
- **Copia de seguridad incremental:** se copian solamente aquellos archivos que han cambiado desde la última copia de seguridad. Para una restauración se necesita la última copia total y todas las incrementales posteriores.
- **Copia de seguridad diferencial:** se copian todos los archivos modificados desde la última copia total. La última copia diferencial anula a la anterior, por lo que para restaurar solo hace falta la última copia total y la última diferencial.

Diferencia entre copia de seguridad diferencial e incremental

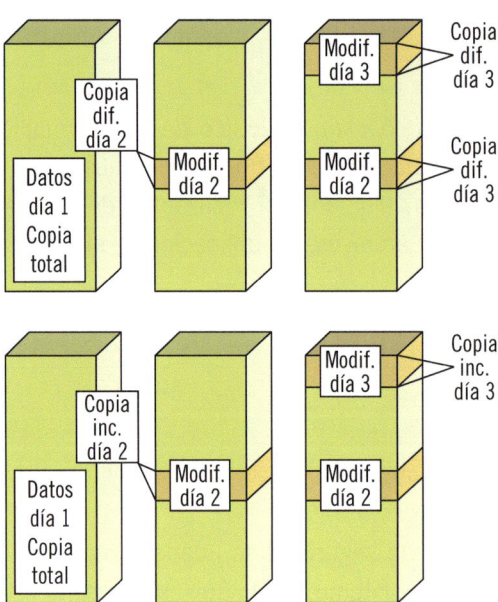

Se recomienda realizar copias de seguridad totales cuando el volumen de datos de la copia no es muy elevado. Si la copia alcanza un tamaño del orden de los 100 GB y los datos modificados son inferiores a 10 GB, se hace una copia total y las posteriores son diferenciales. Para grandes volúmenes de datos se realiza una copia total y las posteriores son incrementales, por lo que hay que hacer copias de seguridad totales periódicamente.

También hay que tener en cuenta que los datos de las copias de seguridad tienen que comprimirse para que se realice más rápido, el tamaño de la copia no sea tan grande y para que los datos estén protegidos.

Estas copias de seguridad de los archivos del servidor pueden recopilarse en otro servidor situado en una localización distinta, como, por ejemplo, en un CPD, o encontrarse en una ubicación virtual.

Ubicación de los servidores en un Centro de Procesamiento de Datos (© Fotografía: Robert Harker, vía web-CC BY-SA 3.0)

Importante

Un CPD es un Centro de Procesamiento de Datos, es decir, un lugar físico en el que se guardan servidores los cuales almacenan elevados volúmenes de datos.

Conexión

Un servidor puede estar conectado a Internet o a una LAN, y en ambos casos hay que asegurarse que los puertos adecuados a través de los cuales se realice la comunicación estén abiertos tanto en el servidor como en el *firewall* o *router.*

Además, el proveedor de servicios de Internet debe asegurar que el ancho de banda y la velocidad son adecuados para el número de clientes y el volumen de información que se va a gestionar.

3.2. Requisitos SW habituales

En primer lugar, el principal *software* sobre el cual se instala un servidor de transferencia de archivos es un sistema operativo para servidor, como puede ser del tipo *UNIX (GNU/Linux, Solaris,* etc.) o *Windows Server,* aunque cada vez más se montan servidores para uso doméstico en equipos con *Windows (10 y 11).* En la tabla siguiente, se describen las características principales de algunos de los sistemas operativos utilizados en los servidores, que hay que conocer para una correcta implementación del *software* adecuado a cada uno de ellos.

CARACTERÍSTICAS PRINCIPALES DE ALGUNOS SISTEMAS OPERATIVOS PARA SERVIDOR				
Sistema operativo	UNIX	WINDOWS NT	NOVELL NETWARE	LINUX
Propietario	Sí	Sí	Sí	No
Multiplataforma	Sí	Parcial	Sí	Sí
Conectividad	Muy alta	Alta	Muy alta	Muy alta
Seguridad	Permisos y autenticación	Cuentas y contraseñas	Registro de entrada, derechos y atributos de archivo	Libre de virus

Continúa en página siguiente >>

<< Viene de página anterior

CARACTERÍSTICAS PRINCIPALES DE ALGUNOS SISTEMAS OPERATIVOS PARA SERVIDOR

Sistema operativo	UNIX	WINDOWS NT	NOVELL NETWARE	LINUX
Otros	Sistema jerárquico de archivos, intercambio o paginación de memoria, creación de programas y sistemas y base de sistemas distribuidos	Cuatro procesadores concurrentes, servicios Mac, tolerante a fallos, traducción de formatos de archivos y administración centralizada	Acceso remoto, auditorías, poca RAM, sin listas de control de acceso y sin múltiples procesadores ni servidores no dedicados	Sin costo, compatible, con código fuente, múltiples procesadores y acceso remoto y sin soporte técnico.

Además, es necesaria la instalación de un *software* específico para el funcionamiento del equipo informático como servidor FTP y también para los clientes que requieran conectar con el servidor. Algunos de los más habituales son *ProFTPd* o *Very Secure FTP Daemon* (vsftpd) para *UNIX* y *Filezilla Server* (distribución libre bajo licencia GNU) para *Windows*, entre otros.

EJEMPLOS DE APLICACIONES PARA SERVIDOR FTP

Aplicación servidor FTP	Plataforma
Pure FTP Server	Linux
Rumpus	MacOs
OFTPD	Unix
Serv-U	Windows

Actividades

4. Amplíe la lista de aplicaciones que se utilizan como servidor FTP para cada sistema operativo.
5. Enumere los requisitos de *hardware* de un servidor de transferencia de archivos.
6. Averigüe con qué características técnicas cuenta un Centro de Procesamiento de Datos.

Aplicación práctica

Ante un servidor que cuenta con los siguientes requisitos técnicos tanto de *hardware* como de *software*, indique como administrador informático qué valoración realizaría sobre la utilidad del mismo como servidor de transferencia de archivos:

I **Hardware:** procesador Xeon a 5 GHz; memoria RAM de 32 GB; disco SCSI de 10 TB; tarjeta de red local; y fuente de alimentación ininterrumpida (SAI).
I **Software:** sistema operativo *(Windows Server* o *Unix);* base de datos; protocolo TCP/IP; y servicio HTTP y FTP.

SOLUCIÓN

A la vista de los datos ofrecidos de los requisitos para la utilización como servidor de transferencia de archivos, hay que realizar las siguientes consideraciones:

I El procesador Xeon se emplea en servidores porque la tecnología del mismo garantiza la potencia y eficacia necesaria para las conexiones con los clientes, además de contar con un mayor número de núcleos y caché para optimizar los procesos.
I Es un tamaño suficiente de RAM que evita que tarden los procesos en ejecutarse.
I Los discos SCSI para el almacenamiento hay que configurarlos en RAID, para garantizar la disponibilidad de los datos en caso de fallo.
I La alimentación con SAI favorece un flujo continuo de electricidad, evitando los picos de tensión y/o que se apague el servidor.
I Es adecuado que se utilice un sistema operativo para servidor y una base de datos correctamente configurada para el acceso de los clientes.

Continúa en página siguiente >>

<< Viene de página anterior

Como conclusión, señalar que los requisitos de *hardware* y *software* especificados en este equipo servidor son suficientes para su uso como servidor FTP. Además, hay que realizar un mantenimiento del equipo y de copias de seguridad de los datos almacenados periódicamente.

4. Características y parámetros de configuración habituales

Para que los equipos clientes puedan acceder correctamente a un servidor es necesario que estén bien configurados y establecidos los principales parámetros que intervienen en la comunicación entre los equipos informáticos, que son el direccionamiento y los puertos para la comunicación tanto a nivel local como a nivel global (Internet), además de tener en cuenta la seguridad, los permisos de acceso de los usuarios al servidor y la delimitación del espacio de acceso de los clientes. A continuación, se explican los parámetros de configuración a tener en cuenta principalmente en un servidor.

4.1. Direccionamiento

En la comunicación entre equipos informáticos que se encuentran en una red que utiliza el protocolo IP, cada dispositivo viene identificado por una dirección IP; ya que para establecerse una conexión entre ellos se realiza a través de esta IP. En los servidores, la dirección IP tiene que ser necesariamente estática o fija, lo que permite estar localizado en la red.

 Importante

La dirección IP es un número que identifica a un dispositivo formado por 4 grupos de dígitos (del 0 al 255), separados por un punto; como, por ejemplo, 209.85.195.104, que es la IP de un conocido buscador.

Mediante el **direccionamiento IP** se realiza la asignación de direcciones IP tanto del servidor como de los equipos clientes para que se pueda llevar a cabo la comunicación adecuadamente. Las direcciones IP son administradas por la ICANN *(Internet Corporation for Assigned Names and Numbers)*, la cual establece tres clases de direcciones para las IPv4 (dirección IP representada por un número binario de 32 bits dividido en 4 octetos y 16 dígitos en decimal). Actualmente, se tiende a direcciones IPv6 (de 128 bits) por su mayor capacidad de direccionamiento, de millones de IP, ya que se trata de una notación hexadecimal de 32 dígitos separados por ":".

CARACTERÍSTICAS PRINCIPALES DE LAS CLASES DE DIRECCIONES IP SEGÚN LA ICANN

Clase	Rango de direcciones ip	Id. De red	Id. De host	Nº de redes	Nº de host por red	Máscara subred
A	De 0.0.0.0 a 127.255.255.255	r	s.t.u	128	$2^{24} - 2 = 16\,777\,214$	255.0.0.0
B	De 128.0.0.0 a 191.255.255.255	r.s	t.u	16 384	$2^{16} - 2 = 65\,534$	255.255.0.0
C	De 192.0.0.0 a 223.255.255.255	r.s.t	u	2 097 152	$2^8 - 2 = 254$	255.255.255.0

Existen cinco clases de arquitecturas que van desde la **A** a la **E** para cada rango de direcciones IP, estando la **D** y la **E** en desuso o reservada, en función de la máscara de subred. En cada clase, los octetos de la dirección IP identifican la red, el *host,* el número de redes y los *host* disponibles en cada red. Mediante la representación r.s.t.u de una dirección IP se identifica a cada uno de los octetos de una dirección dada, y el número de *host* disponibles por red se calcula teniendo en cuenta los bits que se asignan a los *host* ($2^{\text{número de bits}}$) y restándole 2 (que hace referencia a la dirección reservada para *broadcast* y de red, el 255 y el 0, respectivamente).

Nota

Un *host* o anfitrión es un equipo informático u ordenador que se encuentra conectado a una red en la que puede interactuar para la transmisión y almacenamiento de datos.

En la asignación de direcciones IP o direccionamiento hay que tener en cuenta lo siguiente:

- La dirección IP del servidor tiene que estar dentro del rango de direcciones de la red.
- En la configuración del *software* cliente hay que indicar la dirección IP del servidor para que pueda establecerse la conexión correctamente.
- El resto de dispositivos implicados en la comunicación *(router,* puertos, etc.) también deben direccionarse adecuadamente en la red.
- Hay una serie de **direcciones especiales** reservadas para distintas finalidades dentro de la red, como son: la dirección 0.0.0.0 para identificación local; las direcciones acabadas en 0 son direcciones de red que no se pueden asignar a equipos; si el identificador de host es el 255 se trata de una dirección de *broadcast*; y la 127.0.0.1 identifica al *host* local y es la dirección de bucle de retorno.

En el servidor para la transferencia de archivos *Filezilla Server,* la primera vez que se abre el programa después de la instalación hay que establecer la dirección IP de conexión con el servidor y el puerto correspondiente o dejar los parámetros que estén puestos por defecto en la ventana que aparece.

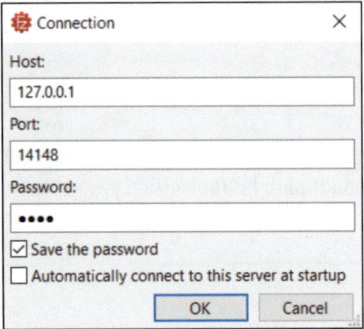

Configuración de la dirección IP y puerto de Filezilla Server

Aplicación práctica

Debe realizar el direccionamiento completo de una red, incluyendo las IP de la red, del router y del servidor FTP, teniendo en cuenta que la IP de uno de los clientes que se conectan a este servidor de archivos es 192.168.1.34. ¿Cómo lo haría?

SOLUCIÓN

A la vista de la dirección IP del equipo cliente, se trata de una dirección de clase C, con hasta 254 hosts por red, cuya IP de la red sería 192.168.1.X y con máscara de subred 255.255.255.0.

En la asignación de la IP al router hay que tener en cuenta que esté dentro del rango de la red y normalmente se le asigna la primera dirección de la red, por lo que en este caso sería 192.168.1.1.

Por último, al servidor se le direcciona con una dirección que se encuentre dentro del rango de la red, de la 192.168.1.2 a la 192.168.1.254. Lo más adecuado sería establecer para el servidor FTP la siguiente dirección disponible después de la del router, o en todo caso la última de la red.

Por lo tanto, el direccionamiento de la red quedaría de la siguiente manera:

▎ Red: 192.168.1.0
▎ Router: 192.168.1.1

Continúa en página siguiente >>

<< Viene de página anterior

■ Servidor: 192.168.1.2
■ Cliente: 192.168.1.34

En este caso, a los demás clientes, para que tuvieran acceso al servidor de archivos, se les asignarían aquellas direcciones IP de la red que se encuentran disponibles, que son desde 192.168.1.3 a la 192.168.1.254.

4.2. Puertos

La comunicación del servidor de archivos con los clientes que establecen una conexión se realiza a través de puertos. Los puertos están regulados por el IANA *(Internet Assigned Numbers Authority)*, estableciendo valores entre 0 y 1023 para cada servicio y/o aplicación.

En función de la forma en la que se realice la transmisión de información se configurarán los puertos necesarios en el servidor. Así, para una conexión FTP se abrirá el puerto 21, pero en cambio si se trata de una conexión web (HTTP) es el puerto 80 o el 8080.

Puertos que se configuran en una conexión FTP

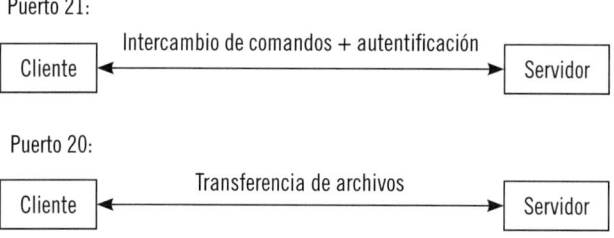

Durante la instalación del *software* en el servidor se configuran una serie de puertos por defecto, los cuales hay que mantener también en los clientes para permitir la comunicación local. Si se necesita una mayor seguridad para la comunicación es preciso modificar los puertos recomendados.

 Definición

Puerto
Es el canal de comunicación lógico asociado a una interfaz física mediante el cual se puede enviar y/o recibir datos.

Para una correcta conexión a Internet hay que configurar el puerto y la dirección IP tanto del router (tabla NAT, *Network Address Translation* o Traductor de Direcciones de Red) como del DNS *(Domain Name System* o Sistema de Nombres de Dominio).

 Actividades

7. Defina qué es la máscara de subred.
8. Investigue qué comandos hay que poner en la línea de comandos para conocer los puertos que están abiertos tanto en Linux como en *Windows*.
9. Describa brevemente los tipos de direcciones IP especiales.

4.3. Encriptación. Permisos

El principal método de seguridad en un servidor de transferencia de archivos es la autenticación a través de un nombre de usuario y contraseña para administrar los usuarios o grupos de usuarios. Estos usuarios se crean previamente en el servidor para posteriormente asignarles los permisos adecuados.

Importante

El de encriptación es un algoritmo matemático que se emplea para transformar un mensaje a datos incomprensibles a menos que se conozca una clave.

Además, se pueden emplear **algoritmos de encriptación** de datos para aquellos archivos que contengan información especial y/o relevante. En un servidor de archivos la información almacenada puede encriptarse de forma automática al guardarse el archivo o hacerlo antes de subir los datos al servidor mediante el *software* adecuado en el equipo cliente. La encriptación/desencriptación de archivos solo es posible realizarla por aquellos usuarios que estén autorizados mediante el permiso adecuado además de conocer las claves (o *password)*.

En el servidor solo se almacenan los archivos que se deseen guardar y las claves encriptadas; el proceso de encriptar/desencriptar lo hace el *software* cliente. El funcionamiento de la encriptación por el programa cliente es el siguiente:

- El programa genera un par de claves simétricas públicas y/o privadas (como RSA o ECC) o una clave simétrica (como DES, AES, RC2, etc.), las cuales se encriptan mediante un algoritmo y se envían al servidor para que las utilice el usuario que esté autorizado a acceder a ellas.
- Al inicio de la encriptación de un archivo, el programa genera una clave aleatoria para encriptar el archivo con un algoritmo. Esta clave aleatoria se encripta también con la clave del punto anterior, y todo se envía encriptado al servidor.
- Si se quiere desencriptar el archivo también hay que desencriptar la clave aleatoria mediante las claves del primer punto.
- Para autorizar a otro usuario solo hay que generar nuevas contraseñas para ese usuario.

Esquema del funcionamiento del proceso de encriptado/desencriptado

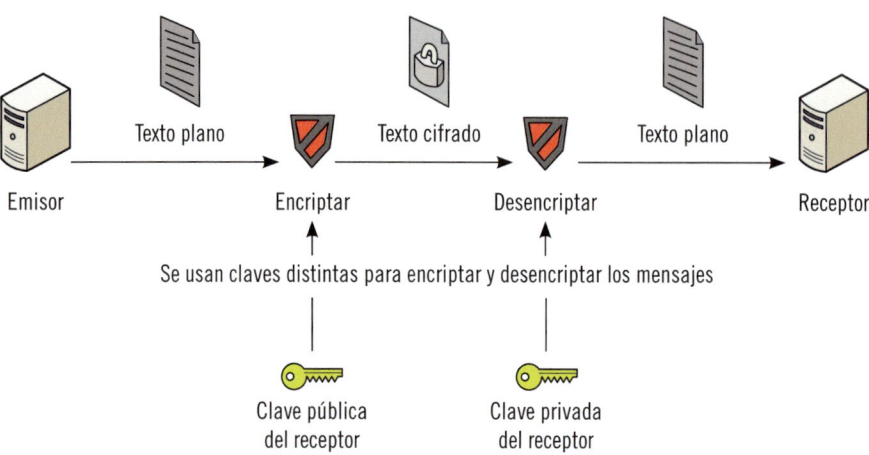

Se usan claves distintas para encriptar y desencriptar los mensajes

Clave pública
del receptor

Clave privada
del receptor

? Sabía que...

Una clave simétrica se utiliza para cifrar y descifrar la información transmitida por un canal que no es seguro por dos o más usuarios.

Para que el cifrado en el servidor se realice correctamente hay que contar con una conexión segura para la transferencia de archivos, como, por ejemplo, HTTPS en el caso de Internet.

Los permisos son aquellas reglas que establecen qué usuario o grupo de estos pueden acceder al contenido y/o recursos del servidor, la forma de acceso, así como el tipo de permiso (lectura, escritura, administrar, etc.), además de aplicar determinadas políticas de seguridad. Los niveles de **permisos** que se establecen, en función del sistema operativo del equipo (para *Windows)*, son:

- Leer: se accede a los archivos para ver su contenido.
- Escribir: se editan y crean nuevos archivos o carpetas.

- Leer y ejecutar: se puede ver el contenido así como ejecutar los programas de una carpeta.
- Modificar: solo se puede realizar cambios en archivos existentes.
- Control total: se pueden realizar todas las acciones anteriores (leer, escribir, ejecutar y modificar).

En **Windows 10** y **11,** los permisos de una carpeta se comprueban mediante el botón derecho sobre el archivo y se busca **Propiedades → Seguridad → Nombres de grupos o usuarios,** apareciendo los permisos en un recuadro en la parte inferior del cuadro de diálogo emergente.

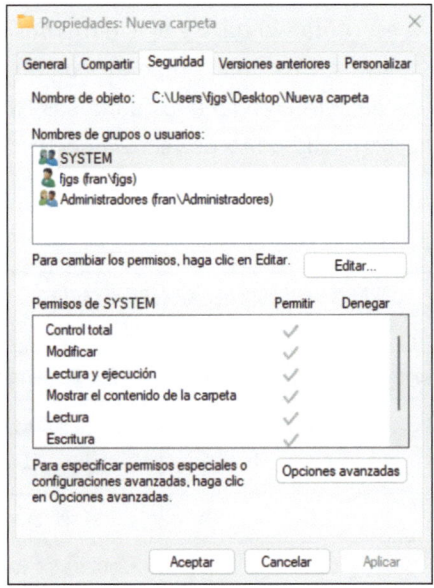

Asignación de permisos en Windows 11

En **GNU/Linux,** los permisos sobre los recursos se establecen en varios niveles, que son los permisos del propietario, del grupo y del resto de usuarios. Generalmente, los permisos asignados a archivos y/o carpetas son de lectura (r), escritura (w) y ejecución (x), cuya notación se realiza en grupos de tres, siempre en la misma posición, siguiendo la forma **rwx.** En el caso de que un permiso no se asigne al usuario se pone un guión (-) en el lugar que le corresponda.

Formato de permisos en GNU/Linux

Un formato diferente al anterior es cuando a cada permiso se le asigna un valor correspondiente al número en binario según la posición que ocupe, siendo la lectura (r) el 4, la escritura (w) un 2 y el 1 el permiso de ejecución (x); y la combinación de los permisos en cada grupo da como resultado un número de 3 cifras. El valor 777 hace referencia a los permisos rwx rwx rwx, en el que cualquier usuario tiene permisos tanto de lectura como de escritura y ejecución en el servidor.

CORRESPONDENCIA DEL NÚMERO BINARIO CON LOS VALORES DE LOS PERMISOS			
Permiso	Nº binario	Valor	Tipo de permiso
---	000	0	Sin permiso
--x	001	1	Ejecución
-w-	010	2	Escritura
-wx	011	3	Escritura y ejecución
r--	100	4	Lectura
r-x	101	5	Lectura y ejecución
rw-	110	6	Lectura y escritura
rwx	111	7	Todos los permisos

 Aplicación práctica

Es necesario que el departamento financiero de una empresa y el de ventas tengan disponible la información que van digitalizando, para lo cual se establece un servidor FTP en el que se almacenan los archivos. Indique como técnico alguna solución informática que garantice la integridad de los datos.

SOLUCIÓN

Tanto el departamento financiero como el de ventas tienen que estar conectados al servidor de transferencia de archivos (FTP) ya que necesitan conocer y tener disponibles los datos que se van almacenando. Al tratarse de información confidencial hay que garantizar que el acceso a los mismos se realiza por personal autorizado; para ello, el administrador del servidor, mediante los permisos (lectura, escritura, etc.), establece qué usuarios y/o clientes pueden realizar una determinada acción. Por lo tanto, el acceso a un recurso del servidor está limitado por los permisos que se le asigna a un usuario y/o grupo.

Además, se pueden encriptar aquellos archivos que contengan datos de especial relevancia mediante algoritmos de encriptación. Se trata del cifrado de los archivos de forma que solo los clientes que tengan un usuario y contraseña preestablecidos por un programa *software,* que se encarga de la encriptación, pueden acceder a la información desencriptada.

Todo esto solo es posible en un entorno que garantice una conexión segura para la comunicación entre el servidor y el cliente.

4.4. Cuotas

Las cuotas son los límites de espacio que se establecen en un servidor, en este caso en uno de transferencia de archivos, para definir qué umbrales no deben superarse con una acción determinada, como puede ser la cantidad máxima de almacenamiento para un usuario en MB (megabytes), advertencia de la capacidad de una carpeta compartida de un grupo, etc. También informan del espacio que consumen los usuarios en el servidor de archivos.

Importante

La creación y gestión de las cuotas debe realizarla siempre el administrador o root del servidor.

Mediante la administración de las cuotas se gestionan los recursos del sistema, la cuales son individuales para cada usuario y/o grupo. El establecimiento de las cuotas garantiza que un determinado servicio o aplicación tendrá un adecuado funcionamiento ya que siempre hay un espacio suficiente y los usuarios están obligados a no superar unos límites asignados en el servidor de archivos. Para una administración adecuada de las cuotas se tienen en cuenta aspectos como:

- Dejar espacio sin asignar a las cuotas y comunicar a los usuarios lo que ocurre en caso de superar los límites.
- Establecer un espacio suficiente entre la advertencia y el límite para que el usuario pueda actuar en consecuencia.
- No instalar programas en volúmenes/unidades con cuotas de disco ya que pueden dar fallos, ni compartir cuentas de usuarios.
- Si un usuario en un periodo determinado no utiliza el volumen se pueden eliminar las cuotas.

Actividades

10. Resuma cómo se realiza el proceso de encriptado/desencriptado de un archivo.
11. Busque tres ejemplos de *software* para realizar la encriptación de archivos en un servidor FTP.
12. Señale cuál es la utilidad de las cuotas.

5. Gestión del almacenamiento

En un servidor de transferencia de archivos se gestiona toda aquella información almacenada en él por los usuarios para conseguir un mayor rendimiento y capacidad del mismo, cuya tarea lleva a cabo el administrador (o *root*) del servidor. Además, se centralizan todos los recursos utilizados en el almacenamiento.

Entre las principales tareas que hay que tener en cuenta en la gestión del almacenamiento de un servidor de archivos se encuentra el establecimiento de cuotas y *watermarks,* la selección de dispositivos y diseño de la jerarquía de almacenamiento externo de las copias de seguridad, así como de acceso a los datos mediante los directorios virtuales.

5.1. Cuotas y watermarks

Con el establecimiento de las **cuotas** en los archivos se gestiona eficazmente la compartición de los datos por varios usuarios y se limita de esta forma el acceso a los recursos y al espacio en el servidor. Así se restringe el acceso tanto a los bloques como a los i-nodos del sistema de archivos.

 Nota

En UNIX, un i-nodo es la estructura en la que se almacenan los ficheros en el sistema de archivos.

Para habilitar y poder gestionar las cuotas en discos hay que instalar en el servidor de transferencia de archivos el paquete *quota.* En *GNU/Linux,* mediante el comando **apt-get install quota;** en *CentOs, Fedora* y *Red Hat,* con **yum -y install quota;** y en *OpenSuse* y *Suse* se ejecuta **yast -i quota.**

La aplicación de las cuotas al sistema de archivos se realiza editando el archivo de configuración **/etc/fstab** (con el editor nano, por ejemplo), y se añaden los parámetros correspondientes **(usrquota** y **gprquota,** o en caso de error poner **usrjquota=aquota.user, grpjquota=aquota.group, jqfmt=vfsv0)** a la partición donde se activen las cuotas de disco (aquellas particiones con /var y /home).

Es necesario reiniciar el sistema para que los cambios tengan lugar mediante la orden **mount -o remount /nombre_particion.** A continuación, con **quotacheck -augmv** se chequea el sistema de cuotas y con **quotaon /nombre_particion** se activan las cuotas configuradas anteriormente. Por último, se aplican dichas cuotas a los usuarios del sistema con **edquota -u nombre_usuario** y para un grupo con **edquota -g nombre_grupo.**

```
hub-pruebas:~# quotacheck -ugmv /home/
quotacheck: Scanning /dev/mapper/Lvm--storage-lv_quotas [/home] done
quotacheck: Checked 3 directories and 5 files
hub-pruebas:~# quotaon /home/
hub-pruebas:~# ls -l /home/
total 42
drwxr-xr-x  3 root root  4096 Oct 11 17:12 ./
drwxr-xr-x 22 root root  1024 Oct 11 15:22 ../
-rw-------  1 root root  6144 Oct 11 17:12 aquota.group
-rw-------  1 root root  6144 Oct 11 17:12 aquota.user
drwx------  2 root root 16384 Oct 11 16:08 lost+found/
-rw-r--r--  1 root root     7 Oct 11 16:20 prueba.txt
hub-pruebas:~#
```

Comandos para la configuración de las cuotas

En *Filezilla Server* (en *Windows*) no se permite la configuración de las cuotas a los clientes, solo se pueden establecer para un usuario los límites de velocidad tanto de subida como de bajada de archivos al servidor mediante la pestaña **Server → Configure → Rights management → Users → Limits.**

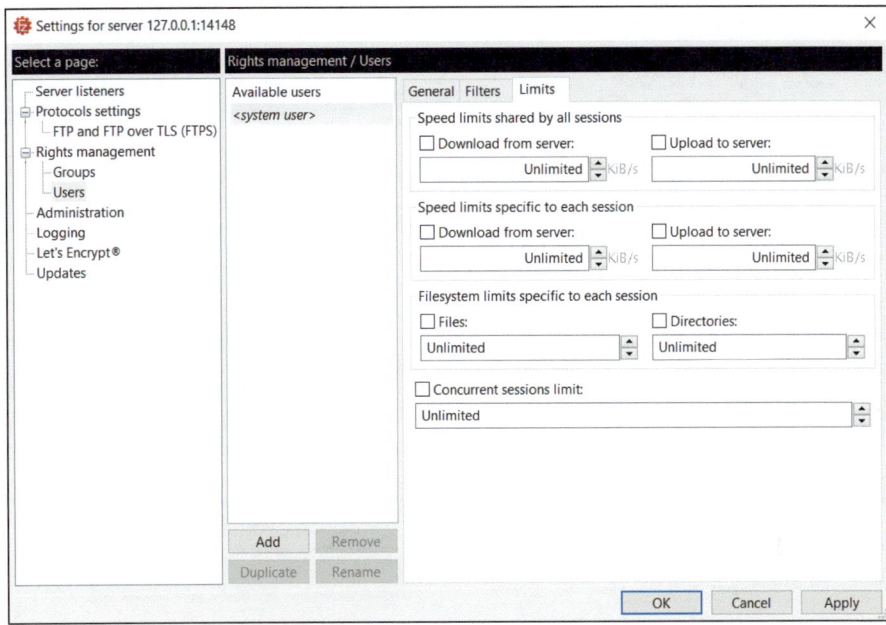

Ventana de configuración de límites de velocidad de carga/descarga de archivos en Filezilla Server

En **Windows Server 2022,** la administración de cuotas de disco **(Este equipo → botón derecho en el volumen a habilitar las cuotas de disco → Propiedades → Cuota → Habilitar la administración de cuota)** permite las siguientes opciones de gestión:

- Denegar espacio de disco a usuarios que sobrepasen su límite de cuota.
- Limitar el espacio de disco a utilizar por los usuarios.
- Registrar sucesos cuando un usuario exceda su límite de cuota o su nivel de advertencia, quedando reflejado en el **Visor de sucesos.**

En **Windows 10** y **11,** para limitar el uso del espacio de disco a diferentes usuarios, se puede realizar mediante la configuración de cuotas. Para acceder a las cuotas hay que entrar en **Este equipo → botón derecho Unidad seleccionada → Propiedades → Cuota → Mostrar configuración de cuota.**

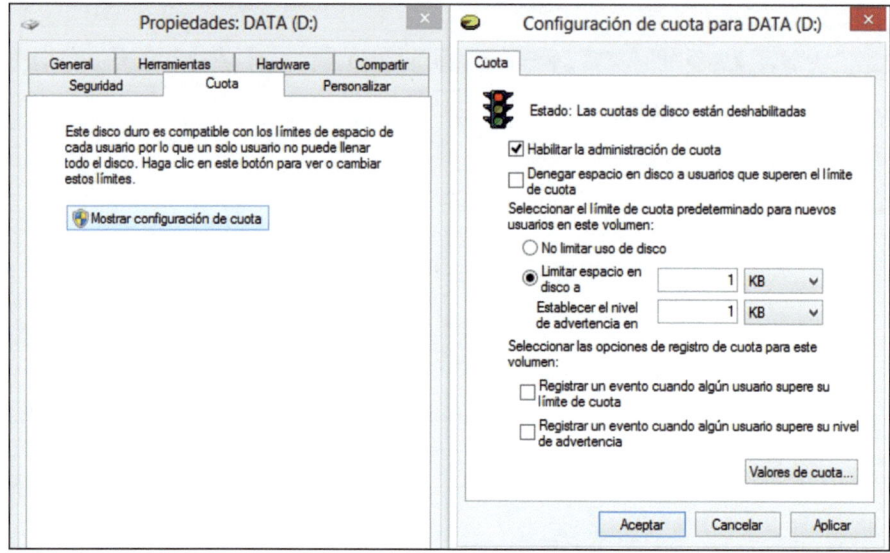

Configuración de cuotas en Windows 11

Cuando varios usuarios utilizan el mismo equipo se pueden configurar los valores de cuota individualmente para cada uno de ellos, apareciendo un registro de los mismos cuando se abre **Valores de cuota** en el cuadro de diálogo **Configuración de cuota.** Se puede editar la configuración de cada usuario al pulsar con el botón derecho sobre el nombre del usuario y abrir **Propiedades,** y se establece el espacio límite a cada usuario y el nivel de advertencia; por lo que queda finalmente configurado el sistema de archivos en función del usuario que acceda y utilice el equipo.

Configuración de cuotas en Windows 11

Watermarks

Durante la migración de datos o transferencia de material digital que se realiza entre equipos o dispositivos se establece un umbral o *watermark,* de forma que cuando un equipo llega a este nivel de ocupación se produce el paso de archivos a otro dispositivo o equipo.

Con esta marca o *watermark* se establece un límite máximo y otro mínimo y la migración se produce cuando se alcanza el nivel máximo de ocupación, y finaliza cuando se llega al nivel mínimo establecido de ocupación. Normalmente, los umbrales que se configuran son alrededor del 85 % para el máximo y del 60 % en el mínimo.

Los *watermarks* se utilizan para evitar que el almacenamiento rápido de una gran cantidad de datos en el servidor pueda colapsarlo y bajar su rendimiento, de forma que se consigue liberar espacio en disco. También hay que tener especial cuidado con la configuración de los límites si se quiere guardar un archivo de gran tamaño, ya que puede producir el traspaso de otros datos.

Aplicación práctica

Como administrador de un servidor FTP debe limitar el uso de los archivos del directorio /home por el usuario a 100 MB, para que así se mantengan actualizados los datos que se encuentran en el servidor y se optimice la capacidad de almacenamiento del mismo. Indique los comandos y parámetros que hay que configurar en función de la plataforma del servidor.

SOLUCIÓN

Mediante las cuotas un administrador informático puede gestionar el almacenamiento del servidor al limitar el acceso de un usuario a los recursos. La configuración de las cuotas en los diferentes servidores FTP es:

I En *Unix/Linux:*

> I Con el comando **sudo** (superusuario con privilegios) instalar el paquete quota en el servidor.
> I Editar el archivo "/etc/fstab".
> I Añadir el parámetro **usrquota** a la línea del directorio /home.
> I Para que los cambios se realicen: **mount -o remount /home.**
> I Chequear las cuotas con **quotacheck -augmv.**
> I Activar las cuotas con **quotaon /home.**
> I Configurar la cuota con **edquota usuario** y editar el parámetro **hard** asignando el espacio en KB.
> I Para aplicar la cuota de 100 MB al usuario: **edquota -u usuario.**

I En *Windows Server 2022:*

> I Habilitar la administración de cuota pinchando con el botón derecho sobre el volumen al que aplicar la cuota (el raíz o C:) → **Propiedades** → **Cuota.**
> I Seleccionar la opción **Denegar espacio de disco a usuarios que sobrepasen su límite de cuota,** en este caso 100 MB.
> I Seleccionar la opción **Limitar el espacio de disco a utilizar por los usuarios,** a 100 MB.

5.2. Almacenamiento externo

En un servidor de transferencia de archivos toda la información que contenga este debe tener su correspondiente copia de seguridad, la cual tiene que almacenarse externamente. Para ello, puede optarse por dispositivos físicos, como discos duros externos (de 2,5" y 3,5") con TB de almacenamiento, e incluso memorias USB y tarjetas de memoria SD (de decenas de GB de capacidad).

 Importante

Un *backup* es una copia de seguridad de los datos almacenados en el servidor que tiene que hacerse periódicamente y guardarse en un dispositivo diferente al que inicialmente se le ha hecho la copia.

Algunas de las unidades de almacenamiento externo para los archivos de un servidor son:

- **DAS** *(Direct Attached Storage):* dispositivo que contiene varios discos duros y va conectado directamente al servidor mediante un HBA (*Host Bus Adapter)*, que utiliza protocolos SCSI o SAS. No permite la compartición de archivos con servidores no conectados físicamente.
- **NAS** *(Network Attached Storage):* tiene capacidad del orden de TB, y se pueden compartir el almacenamiento de los datos con usuarios y otros servidores mediante la red TCP/IP. Se trata de discos SATA/SAS con configuración RAID.
- **SAN** *(Storage Area Network):* es una unidad de almacenamiento de archivos de alto rendimiento que se comparte entre varios servidores mediante conexión SCSI o FC (según se trate de una conexión TCP/IP o de fibra óptica).

Esquema de los dispositivos de almacenamiento externo DAS, NAS y SAN

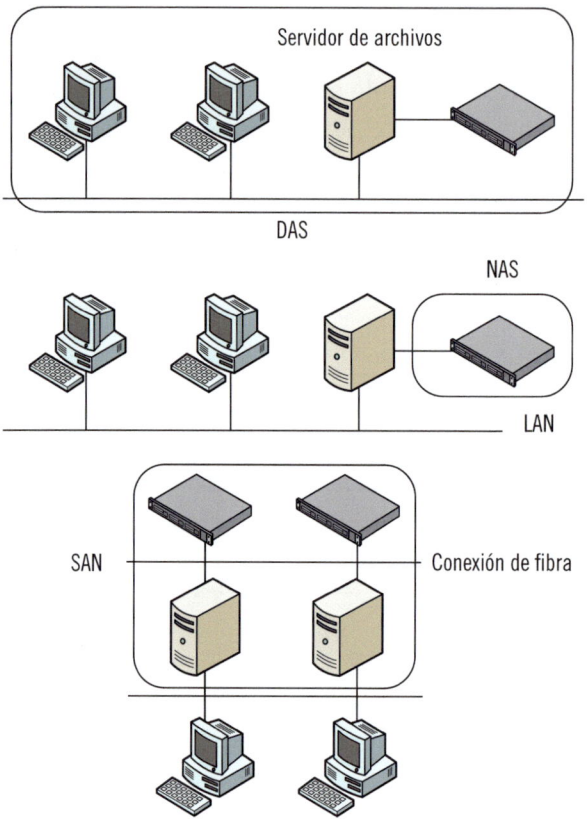

En el caso de tratarse de un servidor de archivos que maneje un gran volumen de datos, una adecuada solución sería tener un *backup* de toda la información en un servidor de almacenamiento externo independiente del servidor de transferencia de archivos inicial. Los servidores de almacenamiento externo cuentan en la actualidad con características como configuración Raid 6, *switchs* independientes, VLAN privada, discos de última generación y tráfico por red privada independiente, entre otras.

 Actividades

13. Investigue en qué consiste la configuración Raid.
14. Señale qué finalidad tienen las *watermarks*.
15. Realice un resumen con las características de los dispositivos de almacenamiento externo de un servidor de transferencia de archivos.

5.3. Directorios virtuales

Un **directorio virtual** es el nombre de un directorio o alias que se asocia a un directorio físico localizado en un servidor. El usuario escribiendo el directorio virtual puede acceder al contenido del directorio físico al cual hace referencia. La finalidad de estos directorios es evitar que el usuario conozca la ruta de la localización exacta de los archivos donde se encuentran almacenados.

 Nota

El directorio virtual "docs" apunta a la ruta física c:\documentos, y la ruta en el servidor es ftp://servidor/docs.

En el caso de servidores de transferencia de archivos del tipo FTP, hay que tener en consideración determinados aspectos:

■ El servidor FTP por defecto oculta los directorios virtuales, por lo que el cliente FTP no puede visualizarlos aunque tenga los permisos necesarios, por lo que se puede crear un directorio físico con el mismo nombre del virtual donde se encuentre este último.

- Para mover directorios solo hay que cambiar la correspondencia entre el alias y el directorio físico.
- Si un cliente quiere acceder a un directorio virtual del servidor, debe identificarse con un nombre de usuario y contraseña cuando se lo solicite.

En *Windows* la creación o eliminación de un directorio virtual puede hacerse mediante el **Administrador IIS Manager,** el **Explorador** de *Windows* (con sistema de archivos NTFS) o los comandos de administración **lisvdir.vbs.**

 Sabía que...

Internet Information Services o IIS es un servidor web y un conjunto de servicios para el sistema operativo Windows que incluye FTP, SMTP, NNTP y HTTP/HTTPS.

Un directorio virtual permite que en un servidor de archivos FTP se pueda compartir una carpeta sin tener que cambiarla de su ubicación original, ya que la carpeta no se encuentra físicamente en el directorio inicial. Los pasos a seguir en *Windows* para la creación de un directorio virtual son los siguientes:

- Entrar al **Administrador de Internet Information Services** (IIS) a través de **Herramientas administrativas.**
- Seleccionar el servidor FTP donde hay que crear el directorio virtual, pulsar el botón derecho y **Nuevo Directorio Virtual,** y se abre un asistente.
- En el asistente hay que configurar el alias para el directorio virtual, la ruta de acceso de la carpeta donde se encuentra el contenido y los permisos de acceso para el directorio virtual.

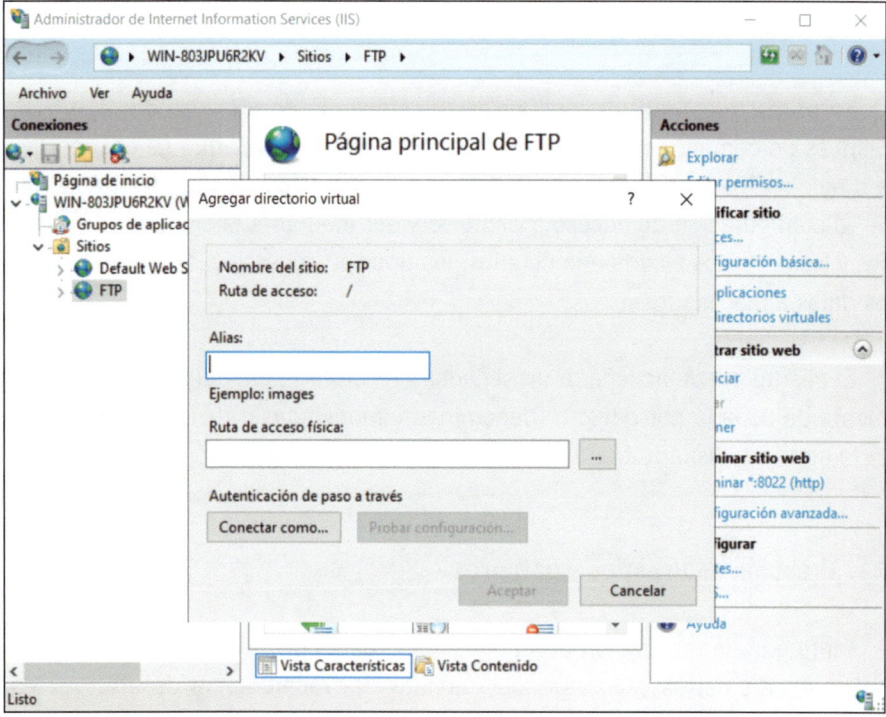

Creación de un directorio virtual en un servidor FTP mediante IIS

Aplicación práctica

Como técnico informático tiene que crear un directorio virtual para un sitio FTP del departamento de informática en la intranet de la empresa, cuya dirección URL es: ftp://sitioFTP/Informatica. Indique los pasos que tiene que seguir para la correcta configuración.

SOLUCIÓN

En *Windows Server 2022,* acceder al **Administrador de IIS,** abrir el equipo local y la carpeta Sitios FTP, y con el botón derecho del ratón crear un **Directorio Virtual Nuevo** en el sitio FTP deseado. En **Alias** poner el nombre del directorio virtual, que puede ser Informática, y en Directorio la ubicación del directorio virtual (C:\Departamento\Informatica); también hay que activar los permisos de acceso oportunos en **Habilitar los siguientes permisos.** Se crea el directorio virtual en la carpeta del sitio FTP seleccionado.

6. Configuración del acceso

En primer lugar, en un servidor de transferencia de archivos del tipo FTP, después de configurar los parámetros habituales, entre los que se encuentran la dirección IP, puertos, *router,* cuotas, etc., entre otros, es necesario establecer la configuración de acceso a dicho servidor mediante la creación de usuarios y los permisos a cada uno de ellos, los tipos de accesos y la seguridad para los datos almacenados.

El cliente puede acceder a un servidor FTP de forma anónima, mediante la cuenta de usuario por defecto (denominada *anonymous* o ftp), o autenticada, en la que cada usuario tiene una cuenta con contraseña.

6.1. Creación de usuarios y permisos

Tanto para la realización de la instalación como de la configuración de los distintos parámetros y accesos del servidor de transferencia de archivos es necesario que el administrador cuente con los permisos necesarios para poder acceder a los archivos de configuración y realizar los cambios que se requieran. Para ello, en *Linux/Ubuntu,* el usuario con permisos de administración tiene que incluirse en el archivo "sudoers" (del demonio vsftpd). También hay que definir los permisos de acceso de los usuarios al servidor FTP.

 Nota

En *GNU/Linux* uno de los servidores para la transferencia de archivos más utilizados por su sencillez es vsftpd *(Very Secure FTP Daemon).*

El administrador es el que crea a los usuarios, a los cuales se les determina un UID *(User Identification)* que es irrepetible, y se encuentran en el archivo "/etc/passwd"; un grupo con su GID *(Group Identification)* en el fichero *"/etc/*

group" (con el comando **id** se obtienen estos datos), y en "/etc/shadow" se encuentran los datos de las contraseñas de los usuarios del sistema. Como cada archivo está asociado a un UID y un GID, se le asignan los permisos y/o privilegios al propietario, al grupo y al resto de usuarios.

En el fichero "/etc/passwd" se determina quién tiene acceso al sistema, y está formado por líneas cada una de las cuales representa a un usuario y se divide en 7 campos separados por dos puntos (:), cuyo significado es el siguiente:

- Campo 1: nombre de la cuenta o *login*.
- Campo 2: clave de acceso o *password* (encriptada).
- Campo 3: UID *(User Identification)*.
- Campo 4: GID *(Group Identification)* del grupo principal.
- Campo 5: comentarios sobre el usuario.
- Campo 6: directorio de inicio del usuario
- Campo 7: *shell* (intérprete de comando) del usuario.

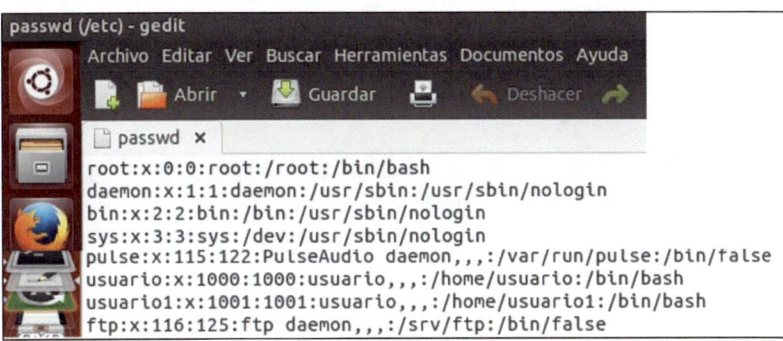

Contenido del archivo "/etc/passwd"

Algunos detalles a tener en cuenta es que la cuenta del administrador (o *root)* es la única en la que su UID tiene como valor el cero (0). Además, los UID<500 están reservados para el sistema y aquellos con valor superior a 500 son asignados a los usuarios del sistema. En el archivo "/etc/group" aparece toda aquella información sobre los grupos de usuarios y donde cada línea hace referencia a un grupo. Las líneas se dividen en cuatro campos separados por dos puntos (:), cada uno de los cuales representa:

- Campo 1: nombre del grupo.
- Campo 2: contraseña (si está vacío es que no necesita).
- Campo 3: GID *(Group Identification)*, donde el 0 es para el *root.*
- Campo 4: lista de usuarios del grupo.

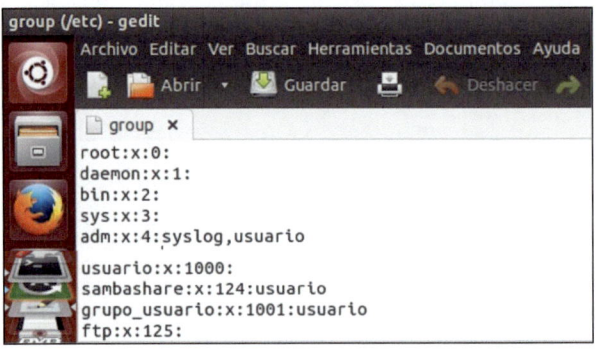

Contenido del archivo "/etc/group"

Se puede añadir un nuevo usuario al grupo, una vez creado el usuario, añadiéndolo al campo correspondiente separándolo por una coma. Por último, el archivo de configuración "/etc/shadow" es en el que se almacenan las contraseñas cifradas, donde cada línea representa a un usuario y cuyos campos son:

- Campo 1: *login* o nombre de usuario (igual que en "/etc/passwd").
- Campo 2: contraseña cifrada.
- Campo 3: días desde el 01/01/1970 hasta el último cambio de contraseña.
- Campo 4: días que pasan para poder cambiar la contraseña.
- Campo 5: días que pasan para que caduque la contraseña y se cambie.
- Campo 6: días de antelación de aviso de que caduca la contraseña.
- Campo 7: días con contraseña caducada antes de deshabilitar la cuenta.
- Campo 8: días entre el 01/01/1970 y cuando se deshabilita la cuenta.
- Campo 9: campo reservado.

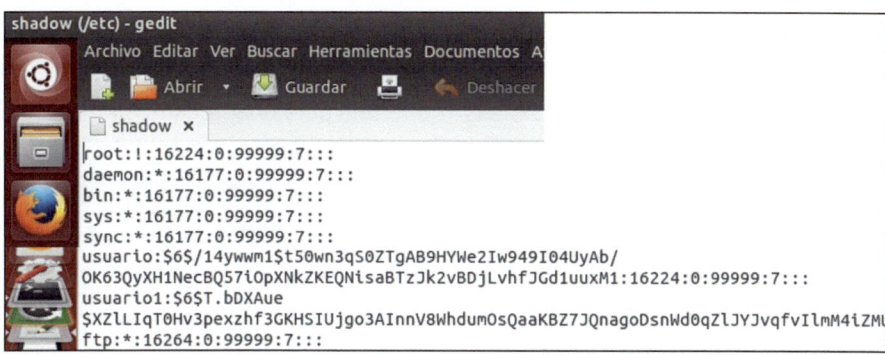

shadow (/etc) - gedit

Archivo Editar Ver Buscar Herramientas Documentos A

Abrir ▾   Guardar   Deshacer

shadow ×

```
root:!:16224:0:99999:7:::
daemon:*:16177:0:99999:7:::
bin:*:16177:0:99999:7:::
sys:*:16177:0:99999:7:::
sync:*:16177:0:99999:7:::
usuario:$6$/14ywwm1$t50wn3qS0ZTgAB9HYWe2Iw949I04UyAb/
0K63QyXH1NecBQ57iOpXNkZKEQNisaBTzJk2vBDjLvhfJGd1uuxM1:16224:0:99999:7:::
usuario1:$6$T.bDXAue
$XZlLIqT0Hv3pexzhf3GKHSIUjgo3AInnV8WhdumOsQaaKBZ7JQnagoDsnWd0qZlJYJvqfvIlmM4iZMU
ftp:*:16264:0:99999:7:::
```

Contenido del archivo "/etc/shadow"

El administrador del sistema puede modificar estos archivos editando el contenido de cada uno de ellos (con *nano)* o mediante comandos. Así, los principales comandos que se utilizan para la gestión de usuarios, grupos y contraseñas son:

- Añadir un usuario: **useradd [opciones: -d, -m] nombre_usuario**
- Añadir una contraseña al usuario: **passwd nombre_usuario contraseña**
- Modificar las opciones del usuario: **usermod [opciones: -L, -U] nombre_ usuario**
- Borrar la cuenta del usuario: **userdel [-r] nombre_usuario**
- Añadir un grupo: **groupadd nombre_grupo**
- Modificar un grupo: **groupmod [-n] nombre_grupo**
- Borrar un grupo: **groupdel nombre_grupo**

Un ejemplo de los pasos que hay que seguir para la creación de usuarios y puesta en marcha del servidor *Very Secure FTP Daemon* en *UNIX* se describen a continuación:

- Acceder como administrador o *root* con **sudo su.**
- Instalación del servidor vsftpd en *GNU/Linux* con **apt-get install vsftpd.**
- Crear el grupo ftp con el comando **groupadd ftp.** Automáticamente se crea el *home* donde el usuario irá almacenando toda la información. En el caso de que no existiera se crea con el comando **mkdir /home/ftp/usuario.**

- A continuación, crear un *shell* fantasma o virtual con **mkdir /bin/ftp** para que el usuario que acceda al servidor FTP no lo haga al sistema operativo. Editar el archivo "/etc/shells" con *nano* para añadir este *shell* virtual al final del mismo.
- Crear un usuario con el comando: **useradd -g ftp -d /home/ftp/usuario -s /bin/ftp usuario;** y una contraseña con **passwd usuario.**
- Dar permiso al directorio donde el usuario almacena la información. Para ello teclear los comandos:

  - cd /home/ftp
  - chown -R usuario:ftp usuario/ R

- Abrir con *nano* el archivo "/etc/vsftpd.chroot_list" y añadir el usuario creado a este archivo.
- Abrir con *nano* el archivo de configuración "/etc/vsftpd.conf" y habilitar las siguientes líneas:

  - chroot_list_file=/etc/vsftpd.chroot_list
  - chroot_local_user=YES
  - chroot_list_enable=YES

- Reiniciar el servidor para que los cambios tengan lugar con **service vsftpd restart o restart vsftpd.**

Con el programa *Filezilla Server* para *Windows* la creación de un nuevo usuario para que acceda al servidor se consigue mediante la pestaña **Server → Rights management → Users → Add.** En el apartado Authentication se designará una contraseña para dicho usuario, si se desea, y añadir una coma después de la palabra *Windows*.

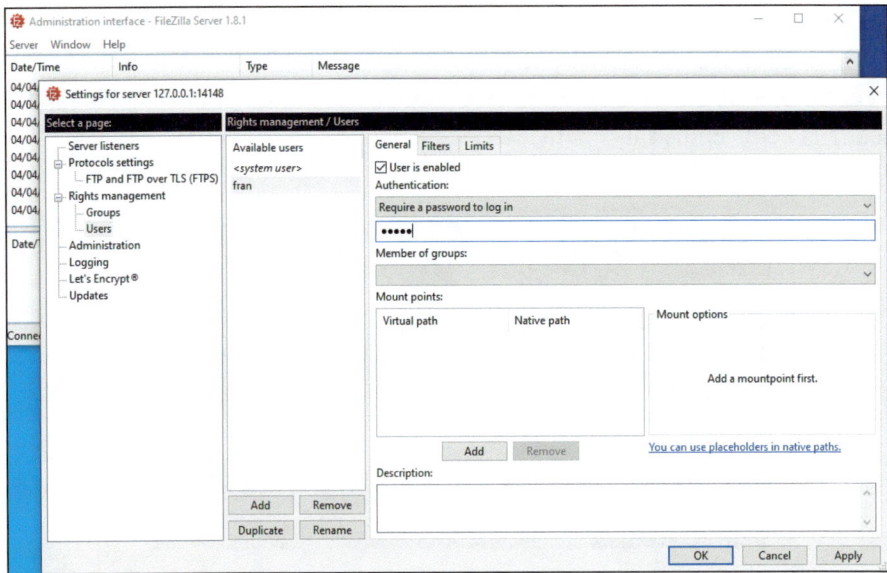

Creación de usuarios en Filezilla Server

Una vez creado el usuario y la contraseña, el siguiente paso es la asignación de las carpetas con acceso al servidor y los permisos correspondientes.

Permisos

Los **permisos** son los derechos que un usuario tiene sobre un archivo, distinguiéndose entre permisos de propietario, de grupo y de los demás usuarios; además de los privilegios especiales que tiene el administrador o *root.* Estos permisos se conceden automáticamente con la creación del usuario, y solo pueden modificarse por el administrador del sistema.

En *GNU/Linux,* la modificación de los permisos se hace mediante el comando **chmod,** el cual cambia el tipo de derechos o permisos (o máscara) asignados a cada tipo de usuario. Este comando tiene una serie de parámetros que son **u, g** y **o,** que identifican si el permiso corresponde al usuario propietario, al grupo u otros usuarios, respectivamente.

Como ejemplo de quitar permiso de lectura y escritura del archivo "actividad1" a un grupo de usuarios sería con el comando **chmod g-r-w actividad1;** en cambio, si se dan permisos de ejecución al usuario propietario el comando quedaría como **chmod u+x actividad1.**

```
root@usuario-ubuntu:/home/usuario# ls -l
total 48
-rw-rw-r-- 1 usuario usuario    11 jul  9 21:28 actividad1

root@usuario-ubuntu:/home/usuario# chmod g-r-w actividad1
root@usuario-ubuntu:/home/usuario# ls -l
total 48
-rw----r-- 1 usuario usuario    11 jul  9 21:28 actividad1


root@usuario-ubuntu:/home/usuario# chmod u+x actividad1
root@usuario-ubuntu:/home/usuario# ls -l
total 48
-rwx---r-- 1 usuario usuario    11 jul  9 21:28 actividad1
```

Ejemplos de modificación de permisos en GNU/Linux

A nivel de servidor de transferencia de archivos, los permisos de lectura, escritura y ejecución se establecen en el fichero de configuración "/etc/vsftpd.conf" mediante la línea **local_umask=xxx,** correspondiéndose xxx con tres números, cada uno de los cuales hace referencia al usuario, grupo y demás usuarios que tienen unos determinados permisos en el servidor FTP.

En *Windows,* con el servidor de archivos *Filezilla Server* para la asignación de permisos a las carpetas a las que puede acceder el usuario se realiza mediante la pestaña **Server → Rights management → Users,** se selecciona el usuario (en Available users), en Mount point agregamos (Add) la ruta virtual del archivo/carpeta, que será la ruta visible por el usuario, (Virtual Path) y la ruta real (Native Path). En Mount options se aplican los permisos deseados. Si se desean aplicar unos permisos generales para cualquier usuario configurado en el sistema operativo, hay un usuario <system user> (available users) que, tras habilitarlo (User is enabled), permitiría aplicar permisos a dichos usuarios conjuntamente; y se añaden los archivos y carpetas a los que tiene acceso el usuario. Por defecto los permisos que se asignan son de lectura y descarga, aunque pueden modificarse seleccionando las casillas correspondientes.

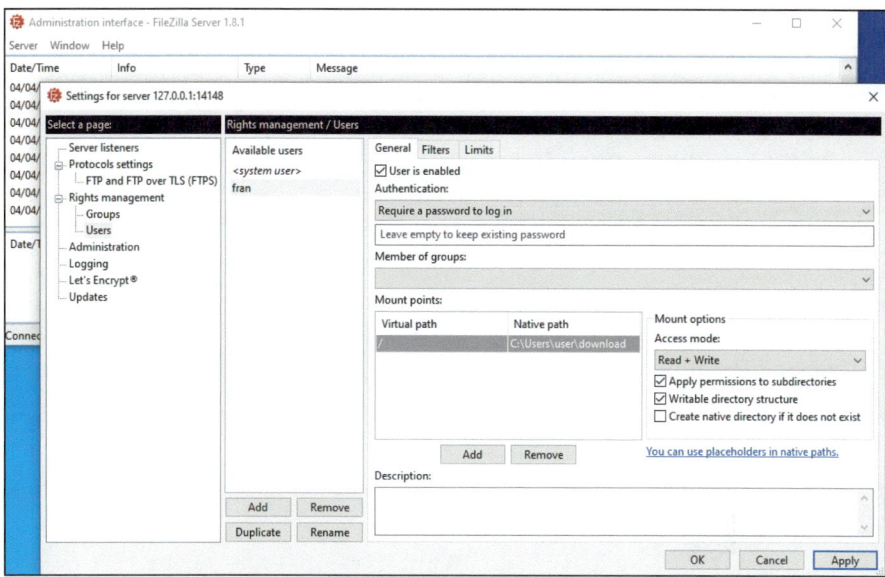

Ventana de configuración de permisos en Filezilla Server

 Aplicación práctica

Como administrador de un servidor de archivos FTP realice los pasos necesarios para crear el usuarioFTP con una contraseña (usuarioftp), crear el grupoFTP y asignar al usuarioFTP a dicho grupo; además de administrar los permisos de acceso al servidor FTP para que todos los usuarios solo tengan permiso de lectura.

SOLUCIÓN

La administración de las cuentas de usuario y permisos solo puede realizarse por el administrador (root) y quedan definidas en los archivos de configuración "/etc/passwd", "/etc/shadow" y "/etc/group". Los comandos a utilizar en *GNU/Linux* para realizar la administración del servidor Very Secure FTPD (vsftpd) son:

▌ Crear el grupoFTP: **groupadd grupoFTP**
▌ Crear el usuarioFTP y asignarlo al grupoFTP: **useradd -g grupoFTP usuarioFTP**
▌ Asignar contraseña usuarioftp: **passwd usuarioFTP**

Continúa en página siguiente >>

<< Viene de página anterior

▌ Crear el archivo "actividad1": **nano actividad1**
▌ Modificar la línea local_umask=444 del fichero de configuración "/etc/vsftpd/vsftpd. conf" del servidor *Very Secure FTPD.*

Los usuarios que tengan acceso a un servidor de transferencia de archivos FTP pueden hacerlo de dos maneras diferentes, mediante acceso anónimo o acceso autenticado.

6.2. Acceso anónimo

Este tipo de acceso permite que cualquier usuario *(anonymous)* sin contraseña pueda descargarse un archivo de un servidor FTP, por lo que no resulta muy recomendable que un usuario *anonymous* tenga acceso a un servidor de archivos. Con este tipo de acceso no es necesario crear una cuenta para cada usuario.

Resulta recomendable la creación de un directorio específico donde se encuentren aquellos archivos accesibles mediante este tipo de acceso.

En el servidor vsftpd *(Very Secure FTP Daemon)* para *Unix* viene predeterminado el acceso FTP anónimo, el cual puede modificarse en el archivo de configuración "/etc/vsftpd.conf". Dicho archivo de configuración puede editarse mediante **sudo nano /etc/vsftpd.conf,** y en el que se pueden cambiar parámetros como:

■ **anonymous_enable=YES:** permite que un usuario anónimo se conecte al servidor.
■ **anonymous_enable=NO:** evita que un usuario anónimo acceda al servidor.
■ **anon_upload_enable=YES:** un usuario anónimo puede subir archivos al servidor. Se encuentra desactivado por defecto al estar la línea comentada con un carácter "#" delante de la misma.
■ **anon_mkdir_write_enable=YES:** para que usuarios anónimos creen directorios.

Si a un usuario anónimo se le permite la subida de archivos al servidor hay que tener en cuenta las siguientes consideraciones:

- Que no sea propietario del directorio al cual sube el archivo.
- Ni miembro del grupo propietario del directorio al cual sube el archivo.
- El directorio anónimo tendrá los permisos de escritura para otros usuarios.

Cuando al conectar al servidor vsftpd con acceso anónimo aparece el error **500 OOPS: vsftpd: refusing to run with writable anonymous root,** se puede corregir quitando el permiso de escritura al directorio que se crea por defecto para el usuario anónimo mediante **chmod a-w /srv/ftp.**

Como ejemplo, mediante la siguiente configuración y comandos se permite a usuarios anónimos solo la descarga de archivos que indique el administrador del sistema, para ello es necesario:

- Crear una carpeta en el directorio raíz para las conexiones anónimas en "/srv/ftp":

  - **cd /srv/ftp**
  - **mkdir anonimo**

- Asignar a la carpeta ftp el propietario y los permisos:

  - **chmod 755 anonimo/**
  - **chown root:root anonimo/**

- En la carpeta "/srv/ftp/anonimo" se guardan los archivos que se comparten con los usuarios conectados como anónimos.
- Configurar el archivo "/etc/vsftpd.conf" con los siguientes parámetros:

  - **anonymous_enable=YES**
  - **anon_root=anonimo**
  - **anon_world_readable_only=YES**
  - **anon_upload_enable=NO**
  - **anon_mkdir_write_enable=NO**
  - **anon_max_rate=2048**

■ Reiniciar el servidor con **restart vsftpd** para que los cambios tengan lugar.

En *Filezilla Server* (para *Windows)* también se puede acceder libremente al servidor como usuario anónimo. Para ello, en la ventana principal de acceso a *Filezilla* hay que seleccionar **Server → Rights management → Users → Add,** añadir el usuario Anonymous sin contraseña (Do not require authentication). En Mount point se agrega (Add) la ruta virtual del archivo/carpeta, que será la ruta visible por el usuario, (Virtual Path) y la ruta real (Native Path). En Mount options se aplica el permiso de solo lectura (Read only).

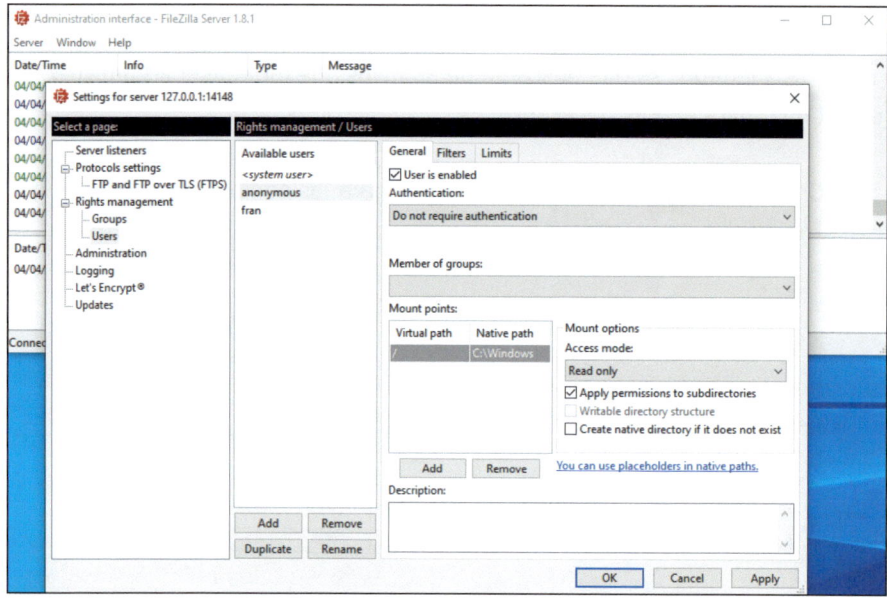

Ventana de configuración del acceso anónimo en Filezilla Server

Actividades

16. Señale qué tipo de permisos pueden establecerse sobre un archivo.
17. Describa las características principales del acceso anónimo al servidor FTP.

6.3. Acceso autenticado

El acceso autenticado es el que permite la utilización de un usuario con una contraseña determinada para poder conectarse a un servidor FTP y así subir/descargar archivos del mismo.

Los parámetros de configuración (en "/etc/vsftpd.conf") de los usuarios locales que acceden de forma autenticada al servidor vsftpd *(Very Secure FTP Daemon)* para *Unix/Linux* son los siguientes:

- **local_enable=YES:** habilita el acceso autenticado de los usuarios locales.
- **write_enable=YES:** permite la subida de archivos para usuarios locales.
- **chroot_local_user=YES:** no permite el acceso del usuario local a todos los directorios.

El cliente *Filezilla* permite que la conexión al servidor de transferencia de archivos se realice de manera autenticada, con el usuario y contraseña con el que previamente está el cliente registrado en el servidor. Los campos que hay que rellenar para establecer la conexión son:

- Dirección IP del servidor o alias.
- Nombre del usuario registrado.
- Contraseña registrada.
- Puerto para conexión con el servidor.

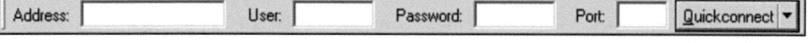

Conexión autenticada en el cliente Filezilla

 Aplicación práctica

Se quiere configurar el acceso al servidor de archivos FTP de un centro de estudios de forma que los usuarios anónimos no puedan subir ni crear archivos en el servidor, solo aquellos usuarios con contraseña. Indique la forma correcta de realizarlo en un servidor en _Linux_.

SOLUCIÓN

Uno de los servidores para la transferencia de archivos más empleados en GNU/Linux por su facilidad en la configuración de sus parámetros es Very Secure FTP Daemon o vsftpd. El archivo de configuración se encuentra en "/etc/vsftpd.conf" y para editarlo es necesario acceder como root o administrador, tecleando el comando sudo nano /etc/vsftpd.conf. Los parámetros a modificar dentro de este archivo son:

- **anonymous_enable=YES:** el usuario anónimo se conecta al servidor.
- **anon_upload_enable=NO:** el usuario anónimo no sube archivos al servidor.
- **anon_mkdir_write_enable=NO:** el usuario anónimo no crea directorios.
- **local_enable=YES:** permite el acceso autenticado del usuario local.
- **write_enable=YES:** permite subir archivos al usuario local.

6.4. Máscaras de creación automática de permisos

En _GNU/Linux_ se entiende como **máscara** al conjunto de permisos asociados a un archivo determinado e identificados por 10 caracteres, siendo el primero por la izquierda aquel que hace referencia al tipo de archivo y los nueve siguientes, de forma consecutiva y en grupos de tres, son los permisos del usuario (propietario), del grupo al que pertenece y de otros usuarios.

El primer carácter, que hace referencia al tipo de archivo, puede ser:

- **-:** archivo.
- **d:** directorio.
- **b:** archivo de bloques especiales.
- **c:** archivo de caracteres especiales.

- **l:** archivo de enlace.
- **p:** archivo de tubería *(pipe).*

Los demás caracteres hacen referencia a los permisos que tiene un usuario del sistema, y son:

- **-:** sin permiso.
- **r:** permiso de lectura.
- **w:** permiso de escritura.
- **x:** permiso de ejecución.

Como ejemplo, se puede tomar el archivo "Repaso.doc" y el directorio "Actividades", los cuales tendrían permisos de lectura y escritura, y de solo lectura respectivamente para el usuario que accede al servidor y aquellos que pertenezcan al grupo de usuarios; por lo que su máscara quedaría de la forma indicada en la tabla siguiente.

IDENTIFICACIÓN DE LOS CARACTERES DE LAS MÁSCARAS DE PERMISOS				
Tipo	Usuario (propietario)	Grupo	Otros usuarios	Nombre del archivo
-	rw-	rw-	---	Repaso.doc
d	r--	r--	---	Actividades

Cuando se crea un fichero o directorio los permisos se asignan automáticamente, para un fichero rw-r--r-- (o 644) y rwxr-xr-x (o 755) para un directorio, y es la máscara de permisos la que controla los valores que se les establecen. Esto puede modificarse con el comando **umask,** el cual modifica solo los permisos de los ficheros que se crean a partir de ese instante, no de los anteriores. La máscara lo que hace es suprimir permisos de los que se establecen por defecto.

Actividades

18. Señale qué formato tiene una máscara automática de permisos.
19. Describa algunas de las características del acceso autenticado.
20. Señale en qué consiste un archivo de enlace.

6.5. Seguridad de acceso

La autenticación de acceso al sistema es el primer nivel de seguridad que hay que establecer correctamente y así evitar que los archivos de un servidor estén disponibles para cualquier usuario que intente acceder a la información que se encuentra almacenada. Mediante la autenticación a través de nombre/contraseña el sistema verifica que el usuario está autorizado y tiene permitido el acceso al servidor, por lo que es muy importante la selección de una contraseña segura que dificulte el *cracking* de la misma.

Importante

La autenticación es el acceso a un sistema por medio de la identificación de un usuario y contraseña, previamente creados por el administrador o *root*.

Además de poder crear la contraseña manualmente teniendo en cuenta unas reglas mínimas de seguridad, también se pueden generar con programas que lo hacen automáticamente (programas generadores de contraseñas), o utilizar una contraseña de una sola vez *(One Time Password)*.

En Linux, en el fichero "/etc/shadow" es donde se guardan las contraseñas encriptadas cuyos parámetros pueden modificarse con el comando **chage,**

passwd o **usermod,** y en "/etc/login.defs" también se pueden modificar los parámetros relativos a las contraseñas de los usuarios creados.

Otro punto a tener en cuenta en la seguridad del acceso son las cuentas de los usuarios, las cuales tienen que cumplir una serie de requisitos, como son:

- No utilizar cuentas compartidas.
- Contar con una política de contraseñas.
- Deshabilitar las cuentas que no se utilicen durante un periodo de tiempo.
- Auditar las cuentas de invitados.
- Tener copias de seguridad de los datos de los usuarios.
- Crear grupos específicos de usuarios.
- Deshabilitar las cuentas que trae por defecto el sistema operativo o algunas aplicaciones.
- Al situar las cuentas del sistema en "/etc/ftpusers", se inhabilita el uso de ftp.

En *Solaris (UNIX)*, el control de acceso al servidor de transferencia de archivos FTP se establece en el directorio "/etc/ftpd" a través de los archivos de configuración "ftpusers" (usuarios que no tienen acceso al servidor), "ftphosts" (permitir o no acceso a varias cuentas) y "ftpaccess" (archivo de configuración principal).

```
ftpusers  ✕
# /etc/ftpusers: list of users disallowed FTP access. See ftpusers(5).

root
daemon
bin
sys
sync
games
man
lp
mail
news
uucp
nobody
```

Contenido del archivo "ftpusers" en Unix

Un usuario que inicia una sesión en el servidor FTP tiene que ser miembro de una clase si se utiliza el archivo "ftpaccess", y se puede establecer el número límite de inicios de sesión por los usuarios de una clase. También se puede restringir el acceso al servidor añadiendo una serie de entradas a este archivo de configuración, como son:

- **defaultserver deny nombre_usuario:** deniega el acceso a un usuario determinado.
- **defaultserver allow nombre_usuario:** permite el acceso a usuarios que no están en la línea *deny*.
- **defaultserver private:** impide acceder a usuarios anónimos.

En el caso del servidor vsftpd de *GNU/Linux*, la seguridad configurada por defecto es suficiente, pero pueden realizarse una serie de modificaciones en el archivo de configuración "/etc/vsftpd" para cambiar algunos aspectos, tales como:

- Evitar que un usuario autenticado salga de su directorio/*home* y acceda al resto de archivos: **chroot_local_user=YES**
- Impedir ataques DoS *(Denial of Service* o Denegación de Servicio), limitando las conexiones simultáneas:

  - listen=YES
  - max_clients=10

- Activar que los usuarios no puedan subir archivos al servidor: **write_enable=NO**
- Evitar intrusos y ataques automáticos cambiando el puerto de escucha: **listen_port=50**

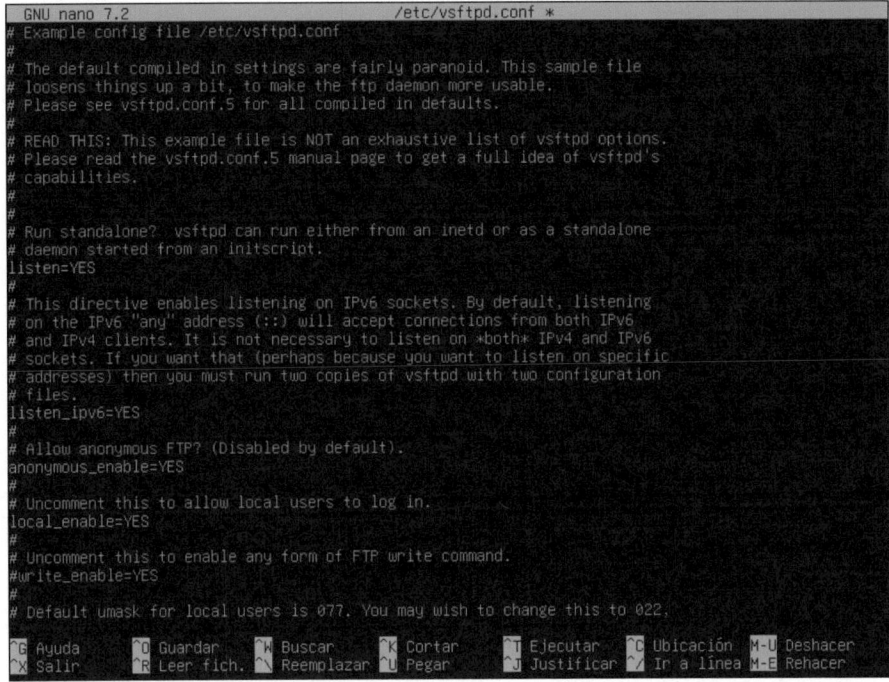

Archivo de configuración del servidor *Very Secure FTP Daemon* de GNU/Linux

 Aplicación práctica

El servidor de archivos de una universidad tiene configurada la seguridad de acceso en el archivo de configuración "ftpaccess" de forma que contiene la línea defaultserver private. Analice esta configuración y lleve a cabo los cambios necesarios para que además no pueda acceder al servidor el usuario cliente2.

SOLUCIÓN

La seguridad de acceso a un servidor se trata de la autenticación con el nombre de usuario y contraseña con la que acceden los clientes al mismo. El control de acceso en Unix se establece a través de la configuración de los archivos "ftpusers" (usuarios sin acceso), "ftphosts" (permite o no el acceso a varias cuentas) y "ftpaccess". Mediante la edición del archivo de configuración con el comando **sudo nano /etc/ftpd/ftpaccess** se pueden modificar parámetros como defaultserver private, para que los usuarios anónimos no puedan acceder al servidor de archivos.

Continúa en página siguiente >>

<< Viene de página anterior

Si además no se quiere permitir el acceso al usuario cliente2, se modifica el archivo "/etc/ftpd/ftpaccess" con la línea **defaultserver deny cliente2.**

7. Requisitos de sistema para la instalación de servidores de transferencia de archivos en distintas plataformas

Antes de realizar la instalación de un servidor de transferencia de archivos hay que tener en cuenta una serie de aspectos generales a la hora de implementar dicho servidor, como pueden ser:

- Que el equipo informático tenga el sistema operativo adecuado al servidor que se vaya a instalar o viceversa.
- Contar con una conexión a Internet adecuada a la capacidad del servidor de archivos y al uso que se le va a dar (público y/o privado).
- En el caso de que el servidor sea público es necesario registrar un dominio en Internet.
- Hay que abrir el puerto por el cual escucha el servidor, el que venga predeterminado o el 21, tanto en el equipo como en el *router* y/o *firewall*.

 Nota

Un dominio es un nombre único que identifica a una dirección IP determinada, la cual hace referencia a una serie de equipos conectados a la red.

La realización de la instalación de los servidores en los diferentes sistemas operativos empleados hay que realizarla siendo administradores de sistema, superadministradores o superusuarios *(root* o *sudo).*

Instalación del servidor vsftpd en GNU/Linux

El servidor de archivos vsftpd o *Very Secure FTP Daemon* es muy seguro, soporta conexiones anónimas simultáneas y es de fácil instalación (también gráficamente). Algunas de las características más destacables de este servidor de transferencia de archivos son:

- Fácil configuración.
- Soporte para *virtual hosts,* IPv6 y SSL *(Security Socket Layer* o capa de conexión segura).
- Límites por usuario, conexión y ancho de banda.
- Ejecución independiente.

Antes de proceder a la instalación del servidor hay que asegurarse que el sistema operativo esté actualizado. Para ello, se escribe **yum update** o **apt-get update** en la línea de comandos según lo que corresponda. En la tabla siguiente vienen reflejados los principales comandos para la instalación del paquete de este servidor en función del sistema operativo que exista en el equipo.

PLATAFORMA	COMANDOS
UBUNTU, DEBIAN Y FAMILIA	apt-get install vsftpd
FEDORA, CENTOS Y FAMILIA	yum install vsftpd
OPENSUSE Y FAMILIA	zipper install vsftpd

Comandos para la instalación del servidor Very Secure FTP Daemon (vsftpd)

Instalación de Filezilla Server en Windows

El servidor Filezilla, como es libre y gratuito, se descarga de la página oficial: <https://www.filezilla-project.org>. Hay que tener en cuenta que la versión descargada sea la más estable y adecuada al sistema operativo del que conste el equipo, tanto para la arquitectura de 32 como de 64 bits.

Una vez instalado, se comprobará que el servicio se está ejecutando. En la barra de búsqueda hay que escribir *Servicios,* se abre la aplicación y se busca *Filezilla Server.*

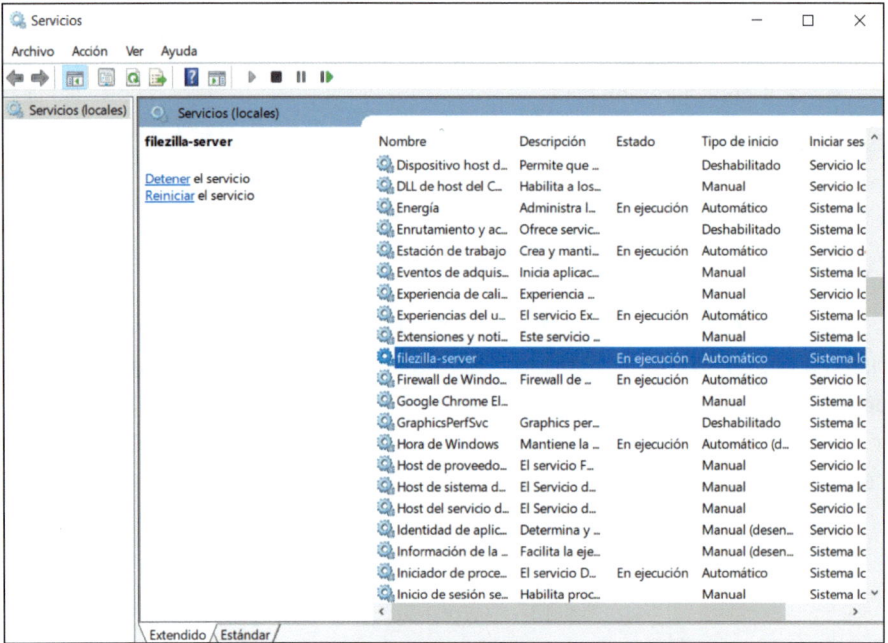

Actividades

21. Compare las características de *Filezilla Server* frente a *Very Secure FTP Daemon* (vsftpd).
22. Señale cuáles son las funciones del *root.*

Aplicación práctica

El departamento de recursos humanos de una empresa de quince empleados requiere un servidor para la documentación interna de sus trabajadores y que estos puedan acceder a esos documentos. Como técnico informático realice una valoración indicando el servidor más adecuado que sea necesario instalar.

SOLUCIÓN

Al no tratarse de una elevada cantidad de información cualquier equipo informático de la empresa puede dedicarse como servidor de transferencia de archivos; el punto principal a tener en cuenta es que tenga bastante capacidad de almacenamiento, es decir, que el tamaño de los discos duros sea suficiente como para albergar la información requerida.

Se va a tratar de un servidor dedicado, ya que en este equipo solo se van a almacenar los archivos del departamento de recursos humanos. En función del sistema operativo que tenga el ordenador se instalarán diferentes servidores de transferencia de archivos por FTP, como puede ser el *Filezilla Server* en *Windows* o *Very Secure* FTPD en *Unix (GNU/Linux)*. Para ello, de la web oficial, <https://www.filezilla-project.org>, se descarga la aplicación necesaria o se instala mediante comandos el demonio vsftpd (como **sudo).**

8. Resumen

En un servidor de transferencia de archivos el punto más importante es el espacio de almacenamiento y que la conexión que se realice por los clientes sea segura y fiable; por lo que entre los parámetros a configurar en un servidor FTP están el direccionamiento de la red, los puertos, los permisos y las cuotas asignadas a los diferentes usuarios y la encriptación de los archivos.

Para la realización de la configuración del acceso a un servidor de transferencia de archivos es necesario que lo realice el administrador del mismo, el cual va a garantizar la seguridad mediante la creación de los usuarios y los permisos asignados, los cuales permiten dos diferentes tipos de acceso al servidor: modo anónimo y autenticado. Además, debe gestionar adecuadamente las máscaras automáticas de permisos y las cuotas.

Los datos almacenados en un servidor de archivos deben tener su correspondiente copia de seguridad periódica en dispositivos de almacenamiento externo del tipo NAS, DAS y SAN, o en directorios virtuales, entre otros.

Ejercicios de repaso y autoevaluación

1. **¿Qué es un servidor?**

_____

_____

_____

_____

_____

_____

_____

2. **Enumere las distintas formas de conexión de un cliente a un servidor.**

_____

_____

3. **Indique si las siguientes afirmaciones son verdaderas o falsas.**

   a. Un servidor se conecta todos los días del año durante 12 horas al día.

   ☐ Verdadero
   ☐ Falso

   b. La conexión de control en un servidor FTP se realiza por el puerto 80.

   ☐ Verdadero
   ☐ Falso

   c. Un servidor de transferencia de archivos no tiene mucha capacidad de almacenamiento.

   ☐ Verdadero
   ☐ Falso

d. Una conexión FTP puede realizarse en modo activo o pasivo.

☐ Verdadero
☐ Falso

4. Relacione cada servidor con la función que realiza:

a. Servidor audio/video.
b. Servidor de correo.
c. Servidor web.

___ Contenido multimedia.
___ Información en HTML.
___ *Streaming.*
___ Envío/recepción de *e-mail.*

5. Una plataforma informática es:

a. Un *software.*
b. Un *hardware.*
c. La plataforma *hardware* que describe a la arquitectura del ordenador y el *software* propietario que se instala en ella.
d. Tanto el *hardware* como el *software* necesarios para ejecutar un programa y/o aplicación, donde la plataforma *hardware* se refiere a la arquitectura del ordenador, y la plataforma *software* al sistema operativo, interfaces del usuario y entorno de programación.

6. Coloque, en el espacio en blanco, la palabra más adecuada.

a. Un _____ permite el suministro de _____ continuo al servidor.
b. Los discos duros de un servidor deben contar con un sistema _____.
c. El _____ periódico de la información del servidor debe guardarse en otro servidor (_____) o _____.
d. Los _____ para la comunicación deben estar abiertos tanto en el servidor como en el _____ y _____.

7. Defina direccionamiento IP.

_____
_____
_____
_____
_____
_____
_____

8. Rellene la tabla con las aplicaciones de servidor FTP y su correspondiente plataforma para la instalación.

Plataforma	Aplicación Servidor FTP
LINUX	
WINDOWS	
UNIX	
MAC OS	

9. ¿Qué hay que tener en cuenta en la administración de cuotas?

_____
_____
_____
_____
_____
_____
_____

10. Explique qué diferencia hay entre encriptación y watermark.

_____
_____
_____
_____

11. ¿Qué tipos de accesos se pueden configurar en un servidor de transferencia de archivos FTP?

_____

_____

12. ¿En qué consiste una máscara de permisos?

_____

_____

_____

_____

_____

_____

13. ¿De qué campos está formada una máscara de permisos en *GNU/Linux?*

_____

_____

_____

_____

14. ¿Qué afirmación sobre la seguridad de acceso al servidor no es correcta? Justifique la respuesta.

    a. Mediante la autenticación no se conoce qué usuario tiene acceso.

    b. No deben utilizarse cuentas compartidas.

    c. Deshabilitar aquellas cuentas que no se utilicen durante un periodo de tiempo.

    d. Todas las opciones son correctas.

_____

_____

_____

_____

15. ¿Qué es un directorio virtual?

Capítulo 3

Administración del servidor

Contenido

1. Introducción

Una vez que se ha instalado todo el *software* necesario y configurado los parámetros principales en el servidor para su funcionamiento, el siguiente punto a llevar a cabo es la administración del servidor, la cual permite una adecuada gestión de los recursos del sistema para evitar en lo posible pérdidas de información, tiempos de inactividad y fallos de seguridad.

El administrador es la persona que en una organización tiene que llevar a cabo las tareas de mantenimiento del servidor, que incluyen, entre otras funciones, la actualización de contenidos, un óptimo establecimiento del control de las versiones y la asignación correcta y actualización de la información de las cuentas de usuarios.

Un servicio que facilita algunos de los trabajos de administración del servidor son los registros del sistema, los *logs,* una serie de archivos y/o ficheros donde quedan almacenados todos los sucesos producidos, los errores, y los accesos a los distintos recursos del servidor por parte de los usuarios.

2. Actualización de contenidos

La actualización de contenidos únicamente puede llevarse a cabo si un servidor está autorizado a solicitar y/o recibir los datos requeridos, y dependiendo del tipo de servidor que haya que actualizar, hay que hacerlo de diferente manera.

Por ejemplo, en un servidor web la actualización de las páginas web se realiza principalmente a través de un gestor de contenidos (CMS o *Content Management System)* y mediante este *software* se puede mantener la información al día tanto de Internet como si se trata de una intranet. Este gestor permite la generación de páginas web dinámicas, lo que facilita el trabajo al administrador. Se accede al gestor mediante el navegador por lo que el protocolo empleado para subir contenido al servidor puede ser tanto FTP como HTTP (o HTTPS).

Importante

Un sistema de gestión de contenidos es una interfaz que permite controlar el contenido y el diseño de una página web.

En cambio, en un servidor de base de datos la actualización de su contenido puede realizarse manual o automáticamente a través de gestores de bases de datos, como *MySQL, Oracle, PHP,* etc. El proceso de actualización mediante una aplicación puede realizarse a través del archivo de configuración teniendo en cuenta un parámetro específico como la fecha del sistema.

Sabía que...

Un sistema de gestión de bases de datos o SGBD es una serie de programas que permiten almacenar y modificar una base de datos así como las herramientas necesarias que permiten añadir y analizar los datos que contiene. El acceso a los datos se realiza mediante lenguajes de alto nivel.

Actualización de un servidor de base de datos

```
┌─────────────────────────────┐
│  Actualizar base de datos local  │
└─────────────────────────────┘
              │
              ▼
┌─────────────────────────────┐
│     Comprobar Archivo de     │
│        configuración         │
└─────────────────────────────┘
              │
No            ▼            Sí
◄────────  ¿Existe?  ────────►
```

- Actualizar base de datos local
- Comprobar Archivo de configuración
- ¿Existe?
  - No → Descargar base datos del servidor → Descargar archivo configurador servidor → Primera actualización terminada
  - Sí → Comprobar archivo configuración servidor → Fecha local<Fecha servidor
    - Sí → Descargar base datos del servidor → Descargar archivo configuración servidor → Actualización normal terminada
    - No → ¿Nada para actualizar?
- Fin

La actualización de un servidor de transferencia de archivos (FTP) se puede realizar por el administrador o un usuario autenticado con permiso, a través de una aplicación o *software* en función del sistema operativo que esté instalado en el servidor. Uno de los más empleados es el cliente *Filezilla,* ya que es multiplataforma, por lo que puede interactuar con la mayoría de sistemas para servidor. Es muy fácil de utilizar, ya que dispone de búsqueda sincronizada de los archivos que se encuentran en el servidor y en el equipo local.

En *GNU/Linux* las actualizaciones del sistema y del *software* del repositorio se realizan mediante el comando **apt update;** apareciendo así un listado del *software* actualizado, el cual puede instalarse con **apt upgrade.**

```
root@debian:~# apt update
Obj:1 http://security.debian.org/debian-security bookworm-security InRelease
Obj:2 http://deb.debian.org/debian bookworm InRelease
Obj:3 http://deb.debian.org/debian bookworm-updates InRelease
Leyendo lista de paquetes... Hecho
Creando árbol de dependencias... Hecho
Leyendo la información de estado... Hecho
Todos los paquetes están actualizados.
root@debian:~# apt upgrade
Leyendo lista de paquetes... Hecho
Creando árbol de dependencias... Hecho
Leyendo la información de estado... Hecho
Calculando la actualización... Hecho
Los paquetes indicados a continuación se instalaron de forma automática y ya no son necesarios.
  linux-image-6.1.0-15-amd64 ssl-cert
Utilice «apt autoremove» para eliminarlos.
0 actualizados, 0 nuevos se instalarán, 0 para eliminar y 0 no actualizados.
root@debian:~# _
```

Actualización en GNU/Linux como root

La importancia de mantener una correcta actualización de las aplicaciones, las herramientas del sistema y del *kernel* se relaciona con la seguridad del sistema frente a posibles ataques. Lo más recomendable es utilizar versiones estables ya que las de prueba pueden contener fallos.

3. Control de versiones

El control de versiones es la forma en la que se registran los cambios que se producen en la información de un servidor, tanto en la estructura como en el contenido, para que puedan recuperarse los datos o aplicaciones almacenadas anteriormente si se desea, de forma que un documento no se reemplaza cuando se modifica su contenido sino que se crea una versión nueva.

3.1. Métodos para el control de versiones

La asignación de versiones a aplicaciones de *software* se realiza mediante números, usualmente tres, separados por puntos. El formato general de esta **notación numérica** es el siguiente:

```
major.minor.revision[.entrega]
```

En función de la importancia de la modificación en la aplicación dichos dígitos indican:

- **major:** es la versión, que indica cambios importantes en el código de la aplicación.
- **minor:** es la *release* dentro de cada versión, es decir, las modificaciones funcionales añadidas.
- **revision:** es el *bugfixing* o las correcciones de errores de cada *release*.
- **entrega:** es opcional e indica el número de rechazos que ha tenido la entrega.

 Ejemplo

La versión 3.14.2 indica que el número de la versión principal es el 3; con *release* 14 se hace referencia al número de veces que se actualizaron cosas dentro de la versión 3; y la corrección 2 es el número de correcciones que se han realizado a la versión 3.14.

Otro tipo de metodología empleada en la numeración de versiones es la **notación X.Y.Z,** en donde: la cifra X es la versión mayor y en la que se han realizado cambios de importancia; la Y es la versión menor, y se producen modificaciones menos relevantes solo en la funcionalidad; y la Z es la segunda versión menor, con correcciones sin relevancia. Hay que considerar que cuando esta notación empieza por cero (0.Y.Z) indica que no cuenta con los requisitos mínimos; si el cero está en la segunda posición (X.0.Z) es que la versión mayor ha cambiado al aumentar el valor de la cifra y suele omitirse Z; y si se encuentra en el tercer lugar (X.Y.0) es porque Y ha cambiado de número.

Según el sistema operativo se incluye una cuarta cifra en la numeración, como, por ejemplo, en el núcleo de *Linux.* Además de la notación numérica, las versiones de las aplicaciones pueden ir acompañadas de la estabilidad de la fase de desarrollo en la cual se encuentra, separadas por un guión o espacio. Se denominan versiones especiales y son:

- **Versión *Alpha:*** son las primeras fases de desarrollo del *software,* en las cuales todavía es necesario realizar diferentes cambios en las aplicaciones. Con el término Alpha se hace referencia a la primera versión, en el que el programa es inestable, aunque cuenta con la mayor parte de los requerimientos.
- **Versión *Beta:*** es la primera versión completa del programa, sistema y/o aplicación, pero todavía es inestable. Mediante pruebas posteriores se solventan los errores que aparecen y se mejora el funcionamiento general del producto.
- **Versión *Release Candidate:*** también llamada **Versión Candidata a Definitiva,** es la versión posterior a la Beta que se encuentra libre de errores casi en su totalidad. Es la más estable, por lo que resulta una firme candidata a ser una versión final a publicar.

La versión siguiente a esta es la ***Release To Manufacturing*** **(RTM)** o la versión de disponibilidad general, que es muy estable y la definitiva para su uso por parte de los usuarios. Además, es segura, por lo que se encuentra lista para su distribución.

 Actividades

1. Busque información sobre gestores de contenido (o CMS) que utilizan los servidores web.
2. Describa cómo se realiza una actualización de contenido en un servidor de base de datos.
3. Señale qué *software* se utiliza para el control de versiones.

3.2. Sistemas de control de versiones

Los sistemas de control de versiones (VCS o *Version Control System)* se diseñan con una arquitectura cliente-servidor y su principal función es evitar la sobreescritura accidental de archivos cuando se realiza un control de versiones manual mediante la copia de estos ficheros a otro directorio. Por ello, es necesario un sistema de gestión que establezca quién y cómo se realizan las modificaciones y/o cambios en documentos, aplicaciones, programas, etc. A través de un sistema de control de versiones se pueden realizar diversas acciones como:

- Recuperar archivos borrados.
- Restaurar inicialmente toda información modificada.
- Ver los cambios realizados.
- Conocer quién ha trabajado con un archivo.
- Realizar copias simultáneas del contenido.

El funcionamiento de un sistema de control de versiones empieza cuando un usuario realiza una copia de un archivo del repositorio *(check out)*. Esta copia está ligada a ficheros adicionales como metadatos que establecen la relación con el repositorio. En caso necesario, los datos de la copia pueden actualizarse *(update)* y todas las modificaciones las realiza el usuario en esta copia. Terminados los cambios estos se mantienen en la versión almacenada en el repositorio *(commit/check in)*.

Funcionamiento del control de versiones

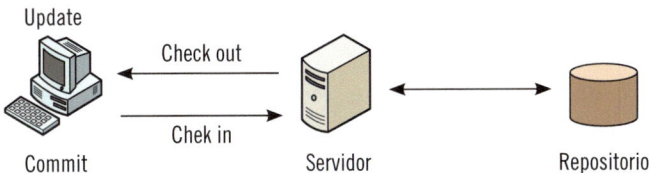

Importante

Un repositorio es el sistema de archivos donde se almacenan las actualizaciones y modificaciones de los archivos de un servidor.

Existen diferentes sistemas de control de versiones en función del acceso al repositorio, como pueden ser:

- **Sistema de control de versiones local:** está formado por una base de datos en la que se registran los cambios producidos en los archivos.

Esquema del sistema de control de versiones local

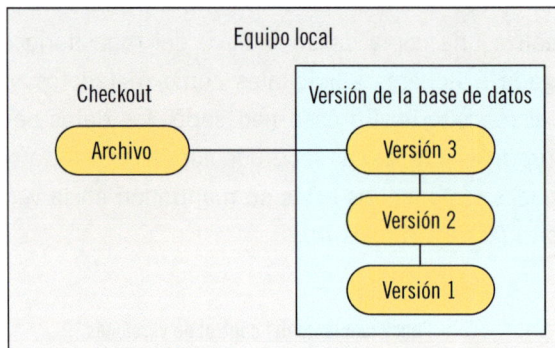

- **Sistema de control de versiones centralizado** (CVCS o *Centralized Version Control Systems):* consta de un único servidor en el que se almacenan las versiones de todos los archivos, y los clientes se descargan las versiones que necesitan de este repositorio central, no habiendo réplicas de la versión principal. Con este sistema se facilita la labor del administrador al encontrarse sincronizado el sistema. El principal problema es la inactividad de los clientes en caso de fallo, que se soluciona con una adecuada política de copias de seguridad. Como ejemplos se encuentran las aplicaciones *Subversion, CVS (Concurrent Version System)*, etc.

Esquema del sistema de control de versiones centralizado

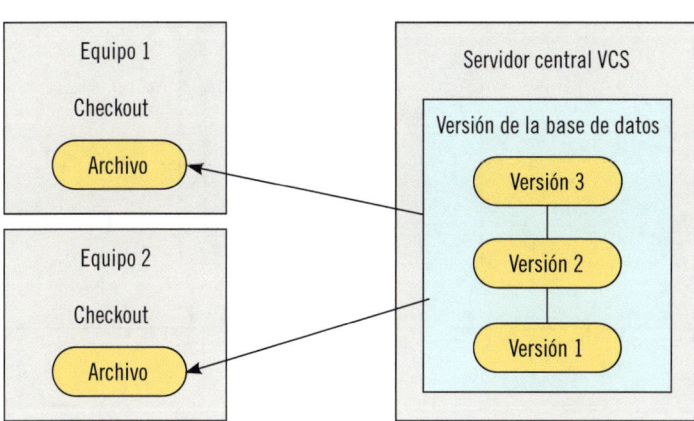

- **Sistema de control de versiones distribuido** (DVCS o *Distributed Version Control Systems):* los clientes que acceden a la base de datos se descargan la totalidad de las versiones de los archivos, por lo que hay una copia del repositorio en los equipos clientes. Si se produce un cambio en el contenido de uno de ellos, esta modificación se replica en los demás. La principal diferencia es en el tamaño de los repositorios, que son más pequeños. Algunos ejemplos de *software* de este tipo son *Git, Mercurial*, etc.

Esquema del sistema de control de versiones distribuido

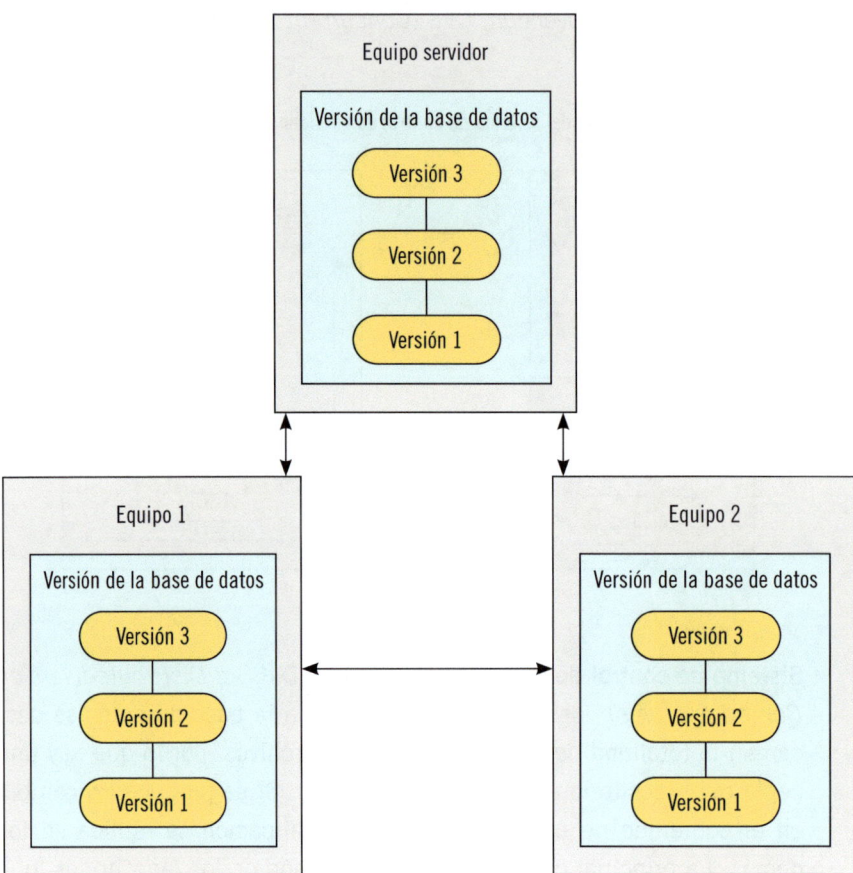

3.3. Aplicación práctica

Una empresa de informática desarrolla una aplicación *software* para gestión de un almacén, la cual pasa por diversas fases durante su desarrollo. Para cada fase, indique cuál sería la versión siguiendo la nomenclatura usada en este capítulo:

- Se inicia el desarrollo de una nueva aplicación y en un momento de la fase de desarrollo una parte del producto está funcionando y el resto a medias.

- Se sigue el desarrollo, se corrigen errores, se finaliza el producto y un grupo de testeadores busca fallos.
- Una vez corregidos todos los fallos, se lanza la aplicación.
- Se añade una mejora en la gestión del inventario de la aplicación y se lanza una actualización del mismo.
- Se detecta que un listado era incorrecto tras añadir la funcionalidad anterior, por lo que se saca un parche.
- El parche no funciona del todo bien, así que se saca un segundo parche que funciona correctamente.
- Tiempo después se desarrolla una nueva funcionalidad para datos de proveedores.
- Se lanza un nuevo parche para corregir un problema detectado en la nueva funcionalidad.
- Tiempo después se siguen haciendo mejoras a la aplicación, como un cambio de la interfaz, añadir más funcionalidades, mejorar las ya existentes, etc. En definitiva, una modificación sustancial, por lo que sería un cambio mayor.
- Una vez sacada esta versión, se detecta un *bug* y se saca un parche.

Como administrador del sistema indique las recomendaciones necesarias a la vista del planteamiento anterior.

Solución

En el desarrollo del *software* es necesario realizar cambios sucesivos en el contenido de los archivos de programación por lo que se precisa un control de las versiones. La numeración de las versiones asignada a cada una de las fases sería la siguiente:

- Se inicia el desarrollo de una nueva aplicación y en un momento de la fase de desarrollo una parte del producto está funcionando y el resto a medias → versión alfa.
- Se sigue el desarrollo, se corrigen errores, se finaliza el producto y un grupo de testeadores busca fallos → versión beta.
- Una vez corregidos todos los fallos, se lanza la aplicación → versión 1.0.0

- Se añade una mejora en la gestión del inventario de la aplicación y se lanza una actualización del mismo → versión 1.1.0
- Se detecta que un listado era incorrecto tras añadir la funcionalidad anterior, por lo que se saca un parche → versión 1.1.1
- El parche no funciona del todo bien, así que se saca un segundo parche que funciona correctamente → versión 1.1.2
- Tiempo después se desarrolla una nueva funcionalidad para datos de proveedores → versión 1.2.0
- Se lanza un nuevo parche para corregir un problema detectado en la nueva funcionalidad → versión 1.2.1
- Tiempo después se siguen haciendo mejoras a la aplicación, como un cambio de la interfaz, añadir más funcionalidades, mejorar las ya existentes, etc. En definitiva, una modificación sustancial, por lo que sería un cambio mayor → versión 2.0.0
- Una vez sacada esta versión, se detecta un *bug* y se saca un parche → versión 2.0.1

Cuando continuamente se están realizando modificaciones de archivos es recomendable el establecimiento de un sistema de control de versiones, que puede ser centralizado o distribuido en función del tamaño de los archivos generados y de la réplica o no de los datos del repositorio.

4. Cuentas de usuarios

La gestión de cuentas de usuarios es una de las partes más importantes en la administración de servidores, ya que es el primer filtro de seguridad ante posibles intrusos. Además, controla la utilización de los recursos del servidor mediante los permisos adecuados en función del usuario que los utilice. El administrador es el que cuenta con la autorización necesaria para crear, eliminar o modificar la información tanto de usuarios como de grupos.

Una cuenta de usuario se identifica por medio de un nombre de usuario y contraseña, los cuales permiten la comprobación por parte del servidor de la autenticidad de un posible acceso al contenido almacenado en él. Además, las cuentas también contienen una serie de datos, que es la información de acceso. A continuación, se describen los componentes de una cuenta de usuario.

Nombre de usuario

La principal característica de los nombres de usuario es que deben ser únicos para cada usuario, por lo que es necesario evitar las duplicidades. Esto se consigue estableciendo de antemano las reglas de creación de los nombres de usuario para una organización, para lo cual hay que tener en consideración tanto el tamaño como la estructura de la misma (número, departamentos, etc.).

Esta asignación de nombres puede realizarse manual o automáticamente, prestando especial atención a aquellos que sean iguales, también conocidos como colisiones. Una colisión puede evitarse añadiendo números o caracteres a continuación del nombre. Otro aspecto a considerar es el cambio del nombre asignado inicialmente al usuario, lo que genera:

- Modificaciones en los permisos de los archivos y recursos, y en el sistema.
- Actualización del servidor de correo electrónico.
- No variar la información correspondiente al usuario.

La solución menos complicada sería mantener el número de identificación de usuario que se asigna por el sistema operativo y realizar únicamente la modificación del nombre de usuario a uno nuevo.

 Nota

No se necesita una encriptación de los datos cuando el nombre de usuario y contraseña son lo suficientemente robustos como para garantizar la confidencialidad.

Contraseña

A través de la contraseña se comprueba que el nombre de usuario empleado pertenece al sujeto que quiere acceder al servidor. La contraseña puede crearla el administrador o el usuario bajo la supervisión y posterior verificación por parte del administrador.

La fiabilidad de la contraseña depende de que la combinación de caracteres alfanuméricos sea lo suficiente como para evitar posibles ataques para la identificación de la misma, por lo que mientras más larga sea presenta una mayor seguridad. También es aconsejable establecer un periodo de uso para la contraseña (caducidad), lo que genera un refuerzo adicional de seguridad.

Información de control de acceso

Las cuentas de usuario también contienen información de control de acceso en función del sistema operativo que se utilice, como puede ser:

- Identificación del usuario y grupo del sistema.
- Lista de los grupos a los que pertenece el usuario.
- Información asignada por defecto en la creación de recursos y archivos.

 Actividades

4. Señale cómo gestiona las cuentas de usuario un administrador.
5. Indique las características que debe tener una contraseña para que sea segura.

5. Registros del sistema (LOGS)

Los registros del sistema *(logs)* son archivos que almacenan todos los mensajes (eventos) que se generan en el servidor por parte de aplicaciones y programas. La utilidad de los *logs* del sistema es para verificar el correcto funcionamiento del sistema, informar de los errores y de la utilización, monitorizar variables del sistema y conocer las acciones de usuarios no autorizados. Además, existen dos tipos de *logs*, los *system logs* y los *software logs*, en función de si la generación de los mismos la lleva a cabo el kernel y procesos del sistema o lo hacen las aplicaciones, respectivamente.

La ubicación de los archivos de los registros del sistema es diferente en función del sistema operativo del servidor, además de que algunos programas crean carpetas propias para el registro de archivos. En *GNU/Linux* los registros de *logs* se encuentran en el archivo "/var/log", y algunos de ellos son:

- **/var/log/kern.log:** registro de los mensajes del *Kernel.*
- **/var/log/syslog:** registro de mensajes del sistema y programas.
- **/var/log/debug:** información de depuración de los programas.
- **/var/log/mail.log:** *logs* del servidor de correo.
- **/var/log/auth.log:** conexiones al sistema, intentos fallidos y accesos como *root.*
- **/var/log/crond:** tareas programadas *(cron).*
- **/var/log/daemon.log:** alertas específicas de algunos demonios.
- **/var/log/errors.log:** muestra errores.
- **/var/log/messages.log:** alertas generales del sistema.
- **/var/log/secure:** registro de seguridad.
- **/var/log/vsftpd.log:** *log* del servidor FTP (vsfp).

Archivos de logs en la distribución Ubuntu

Su visualización puede hacerse mediante comandos con **tail -f /var/log/ nombre_fichero.** Entre algunos de los gestores de registro más utilizados en servidores de *Unix/Linux* se encuentra **syslog** (demonio syslogd), cuyo archivo de configuración es "/etc/syslog.conf", en el cual se determina a qué hacer log (selector) y dónde hacer *log (action)*. Consiste en un servidor de *logs* para centralizar los mensajes de los archivos de *logs* del sistema y de servicios, y para realizar un adecuado mantenimiento y vigilancia de los mismos. Estos mensajes se almacenan en **/var/log/messages.**

En *Windows* para ver el registro de los eventos del sistema hay que abrir el **Visor de Eventos** (o *Log Viewer*), y para ello hay que entrar en **Herramientas administrativas** del **Panel de Control.**

 Aplicación práctica

Como administrador de sistemas de una organización hay indicios que un usuario no autorizado ha accedido al servidor de archivos, realizando modificaciones no deseadas. Indique los pasos a realizar para comprobar la intrusión.

SOLUCIÓN

Cuando se accede a un sistema se dejan huellas, ya que los sistemas operativos tienen registros donde se almacenan los sucesos ocurridos en el mismo, por lo que hay que hacer una exhaustiva revisión de los registros del sistema o *logs*.

En los registros de eventos se guardan por orden cronológico los sucesos del sistema (si está encendido). En el caso de que se trate de un sistema operativo *Windows* se accede al **Visor de Eventos.**

En *GNU/Linux* hay varios registros del sistema en los que obtener la información deseada, como **/var/log/secure** o **/var/log/messages.log.**

6. Resumen

Es importante que el administrador realice una actualización del contenido en función del tipo de servidor para establecer qué herramienta es más recomendable utilizar y mantener de esta manera la seguridad del sistema. Además, hay que establecer una política y sistema de control de versiones ante cualquier modificación de los archivos y/o aplicaciones almacenadas en el servidor, que va a garantizar la integridad de los datos y evitar en lo posible los fallos en el sistema. En función de la estabilidad de las versiones de las aplicaciones de *software* se definen las versiones *Alpha, Beta* y *Release Candidate.*

El establecimiento de las cuentas de usuario es el punto más importante en la administración de un servidor. Es la barrera principal ante posibles ataques, ya que permite o deniega el acceso a los recursos almacenados en el servidor. Cualquier cambio, modificación, fallo y/o error que ocurra en el sistema va a estar controlado por el administrador, ya que se almacena en los registros del sistema o logs, y es la principal herramienta que debe conocer un administrador de servidores.

Ejercicios de repaso y autoevaluación

1. **Defina qué es el control de versiones.**

_____
_____
_____
_____

2. **¿Cuáles son los métodos para el control de versiones?**

_____
_____

3. **Indique si las siguientes afirmaciones son verdaderas o falsas.**

a. En un servidor de base de datos la actualización de su contenido se realiza con un gestor de contenidos (CMS o _Content Management System)._

☐ Verdadero
☐ Falso

b. El nombre de los ficheros obligatoriamente viene seguido de una extensión.

☐ Verdadero
☐ Falso

c. La actualización de contenidos solo puede llevarse a cabo si un servidor está autorizado a solicitar y/o recibir datos.

☐ Verdadero
☐ Falso

d. En un servidor web la actualización de las páginas dinámicas se hace con un gestor de bases de datos.

☐ Verdadero
☐ Falso

4. **Relacione cada versión con la característica correspondiente.**

   a. Alpha.
   b. Beta.
   c. RC.

   __ Candidata a definitiva.
   __ Estable.
   __ Con errores.
   __ Inestable.
   __ Primera versión completa.

5. **Un sistema de control de versiones es:**

   a. Un sistema para sobrescribir archivos.
   b. Un sistema con arquitectura *peer-to-peer*.
   c. Un sistema de gestión que evita realizar cambios en los archivos.
   d. Un sistema de gestión que establece quién y cómo se realizan las modificaciones y/o cambios.

6. **Enumere los pasos del funcionamiento del sistema de control de versiones.**

   _____
   _____

7. **Rellene los espacios en blanco con la palabra más adecuada.**

   a. En el servidor de un sistema de control de versiones _____ _____ se almacenan todas las _____ y los clientes se descargan lo que necesitan del _____.
   b. En un sistema de control de versiones _____ se registran los cambios en una _____ de _____.
   c. En el sistema de control de versiones _____ hay una _____ del _____ en los equipos clientes.

8. Rellene la tabla siguiente con las partes de los métodos de control de versiones.

Métodos de control de versiones	Partes			
X.Y.Z				
Numérica				

9. ¿Para qué se utilizan las cuentas de usuarios?

_____

_____

_____

_____

10. Explique la diferencia entre los *system logs* y los *software logs*.

_____

_____

_____

_____

11. ¿Cómo comprueba un servidor la autenticidad de un cliente?

_____

_____

12. Describa en qué consisten los registros del sistema *(logs)*.

_____

_____

_____

_____

_____

_____

_____

13. ¿De qué se compone una cuenta de usuario?

_____

_____

14. ¿Qué afirmación sobre los *logs* no es correcta? Justifique la respuesta.

    a. En un servidor de *logs* se centralizan los mensajes de los archivos de *logs* del sistema y de servicios para una adecuada vigilancia de los mismos.

    b. Solo en el sistema operativo *Windows Server* existen registros de *logs*.

    c. Algunos programas crean carpetas propias para el registro de archivos.

    d. Todas las opciones son incorrectas.

_____

_____

15. ¿Con qué comando se visualizan los *logs en GNU/Linux?*

_____

_____

Capítulo 4
Auditoría del servicio

Contenido

1. Introducción

Para garantizar el cumplimiento de un servicio y que este se desarrolle con unos requerimientos mínimos es necesario controlar la calidad del servicio que se ofrece mediante la realización de auditorías, las cuales miden y evalúan cómo se está llevando a cabo el proceso de transmisión de información.

Para conocer el rendimiento del servidor de transferencia de archivos hay que realizar la monitorización de los distintos recursos que lo componen, además de definir los parámetros de calidad para un funcionamiento correcto del sistema implementado.

Entre los documentos que se necesitan para asegurar la calidad del servicio ofrecido al cliente se encuentran el plan de pruebas y el SLA o Acuerdo de Nivel de Servicio, los cuales tienen que definirse lo más claramente posible para evitar desacuerdos entre las partes.

También influye en la calidad la disponibilidad del servicio, así como la normativa aplicable a la información que se encuentra almacenada en servidores.

2. Metodología de medición y evaluación de la calidad del servicio

El proceso que garantiza la calidad del servicio (QoS) es la auditoría. Se define la QoS en la RFC 2386 de la IETF *(Internet Engineering Task Force)* como: "Un conjunto de requisitos de servicio que debe cumplir la red durante el transporte de un flujo".

Aplicado al servicio informático, la calidad del servicio es el conjunto de requisitos de servicios que tiene que cumplir una red para asegurar un nivel de servicio adecuado para la transmisión de la información.

Mediante la auditoría se analiza detalladamente el sistema y/o servicio para así identificar y poder corregir las vulnerabilidades detectadas tanto en los procesos como en los activos, y velar por el cumplimiento de los objetivos de la organización. En general, durante un proceso de auditoría se llevan a cabo una serie de pasos que se describen a continuación:

- **Planificación:** se define en la documentación cuáles van a ser los procesos objeto de auditoría y los procedimientos a llevar a cabo, así como las personas encargadas de la ejecución y la periodicidad en la realización del seguimiento.
- **Ejecución:** de una forma sistemática se formaliza el cumplimiento de la planificación de la auditoría del servicio de transferencia de información en unos plazos establecidos con anterioridad. Se comprueba la efectividad de un sistema determinado con la conformidad del auditor y del auditado.
- **Evaluación:** los resultados obtenidos permiten una valoración objetiva del grado de cumplimiento del servicio ofertado y de la calidad del mismo.
- **Informe y medidas correctoras:** se deben poner en conocimiento del responsable del servicio auditado antes de su redacción para subsanar las posibles deficiencias detectadas.

Todo el proceso de información al estar computarizado se necesita evaluarlo a través de una auditoría informática, que se regula por normas técnicas emitidas por entidades de certificación. Mediante una auditoría del servicio informático del proceso de transferencia de archivos se monitorizan y registran las actividades que se llevan a cabo en el servidor, quién tiene acceso a la información, dispositivos, aplicaciones, etc., entre otras. Los puntos que se evalúan con una auditoría de este tipo son:

- Estructuras lógicas y físicas.
- Mantenimiento y control de carga/descarga.
- Protección e integridad de la información.
- Modelos para análisis de la transferencia de datos.
- Recuperación de datos.

 Importante

Hay diferentes tipos de auditorías, y dentro de la auditoría de sistemas se encuentra una especial, que es la informática.

Objetivos de una auditoría informática

El proceso de calidad lo lleva a cabo el auditor, que es la persona responsable la cual va a determinar, siguiendo un sistema de evaluación, si los procedimientos, especificaciones y estándares del servicio implementado están conforme a los requisitos preestablecidos. Después del análisis se emite un informe que debe contener:

- Descripción y características de los recursos analizados.
- Análisis de las relaciones entre procesos o activos.
- Evaluación de las vulnerabilidades detectadas.
- Verificación del cumplimiento de la normativa.
- Propuesta de medidas preventivas y correctivas.

Entre las diferentes metodologías existentes que se pueden aplicar para realizar la evaluación del servicio de transferencia de archivos de un servidor se distinguen:

- *Checklist* o **lista de control:** es el método tradicional, que consta de una lista de control formada por una serie de puntos para verificar el servicio ofrecido.
- **Evaluación de riesgos (o *Risk Oriented Approach*):** se establecen los parámetros de control para disminuir en lo posible los posibles riesgos a

los que está sometido el sistema de transferencia de archivos. Algunos de los riesgos a considerar en la auditoría son los accesos no permitidos, errores en aplicaciones, sistema de seguridad insuficiente, etc.

Para realizar la medición del sistema de información auditado se pueden utilizar herramientas de *software* específicas llamadas CAAT (*Computer Assisted Audit Techniques)*, que realizan pruebas de control y emiten informes de todo el sistema o solo de una parte de él, o también de forma manual empleando entrevistas, cuestionarios, observación directa, pruebas, etc. Entre el *software* de auditoría más empleado se encuentran *CaseWare, AUDAP, ACL, Ecora,* etc.

 Actividades

1. Realice un esquema de las partes en que se compone una auditoría.
2. Busque información sobre los *software* de auditoría *CaseWare, Ecora* y *ACL.*

3. Rendimientos del servidor

Es importante conocer la respuesta del servidor ante las demandas de carga de trabajo a las que está expuesto. Para ello, es necesaria la monitorización de los recursos para mantener un óptimo rendimiento de los equipos. Entre los recursos que se monitorizan se encuentran:

- **La memoria:** una cantidad de memoria RAM suficiente garantiza que los procesos y servicios puedan llevarse a cabo. Para ello, hay que establecer un nivel base de memoria física con una carga de trabajo normal que ayude a identificar los problemas. Un nivel de paginación alto es un indicador en un servidor de la necesidad de ampliar la memoria para mejorar el rendimiento.
- **El procesador:** su rendimiento viene determinado por el uso y el tipo de servidor. Si se procesan muchas peticiones, hay que evitar los cuellos

de botella que suceden al poner los procesos en cola. Los procesadores *multicore* permiten el procesamiento de mayor cantidad de datos en un menor periodo de tiempo.

Comparativa de los cuellos de botella en el pasado y en la actualidad

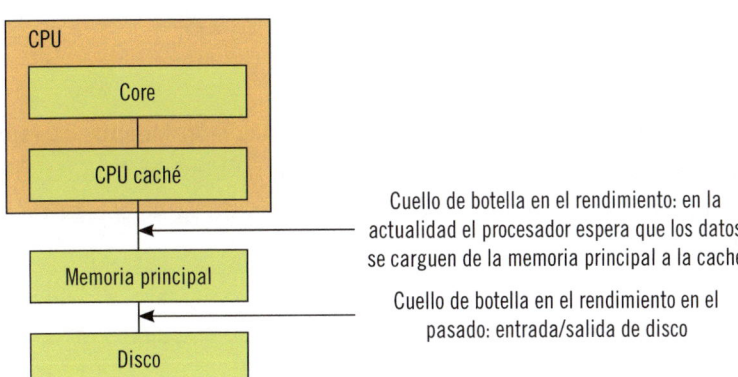

- **El disco duro:** en él se almacenan los datos y controlan las aplicaciones, por lo que es recomendable tener monitorizada la actividad del disco para conocer la velocidad de transferencia, el tamaño de las operaciones, la cantidad de espacio no reservado, etc. Mediante el balanceo de la carga de trabajo se consigue mejorar el rendimiento del equipo.
- **La red:** la actividad de la misma determina el funcionamiento del servidor tanto en el envío como en la recepción de datos. Cuando hay muchas peticiones se ralentiza el ritmo de trabajo de la interfaz de red.

Con el análisis de los datos obtenidos se determinan los procesos y/o aplicaciones que están funcionando y pueden monopolizar un recurso, la sobreutilización de un dispositivo o si hay algún cuello de botella en alguno de los dispositivos y/o recursos anteriores.

Importante

Un cuello de botella se produce cuando hay sobrecarga de trabajo, de forma que hay procesos que no se utilizan totalmente o están inactivos hasta que completan una tarea.

En *Windows Server 2022,* mediante la aplicación **Monitor de rendimiento (Herramientas administrativas → Monitor de rendimiento)** se tiene un conocimiento del rendimiento del servidor a través de la selección de objetos y contadores.

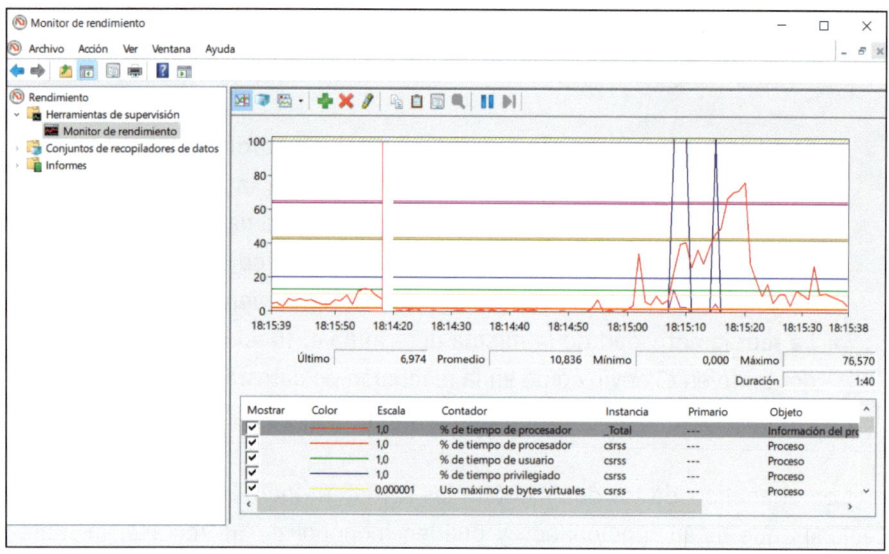

Monitor de confiabilidad y rendimiento en Windows Server 2022

Las herramientas que se utilizan en *GNU/Linux* para la monitorización del rendimiento son principalmente a través del **Terminal** mediante comandos. Es necesario tener conocimiento de algunos de los comandos más utilizados, como pueden ser:

- **Ngrep:** analiza los paquetes de red y se emplea para detectar problemas de seguridad, la red y el servidor.
- **Dstat:** se utiliza para estadísticas de todos los recursos del sistema en un momento.
- **vmstat:** informa de los procesos, la paginación, la memoria, actividad del procesador, etc.
- **iostat:** realiza la supervisión del rendimiento del disco mediante el control del tiempo. Está un dispositivo activo en función de la tasa de transferencia.
- **sar:** genera informes y realiza una supervisión del rendimiento de distintos recursos, como la CPU, entradas/salidas del disco, de la memoria, interrupciones, etc. Hay que instalar el paquete *systat* para utilizar este comando.
- **curl:** se emplea para la transferencia de datos y solucionar problemas con un servidor FTP sin necesidad de aplicaciones.
- **pv:** permite conocer el progreso de los datos y ofrece información como el tiempo transcurrido, tasa de rendimiento, datos transferidos, barra con el porcentaje de progreso, etc.
- **Nmap** *(Network Mapper):* se utiliza para explorar la red, realizar auditorías de seguridad y monitorización del servicio durante el tiempo de actividad.
- **Openssl:** entre las diversas opciones que ofrece, con este comando se puede realizar una verificación de la integridad de los datos descargados.
- **lftp:** es un cliente de sftp/ftp/http que se puede emplear en un servidor ftp para realizar copias de seguridad, programar transferencias, aumentar la velocidad de descarga, etc.
- **mtr:** realiza un diagnóstico de red mediante un control del ancho de banda saliente, latencia y *jitter* de la red.

 Nota

Con *jitter* se hace referencia a la inestabilidad con la que se reciben los datos durante la transmisión de los mismos.

También se pueden utilizar herramientas gráficas para medir el rendimiento del servidor FTP, como, por ejemplo, *Apache Jmeter* (<https://jmeter.apache.org/>), que se trata de una aplicacion de *software* libre y multiplataforma. Este programa permite la realización de pruebas de rendimiento a un sistema para evaluar la respuesta del mismo cuando se le somete a una determinada carga, y se pueden identificar los cuellos de botella en los recursos.

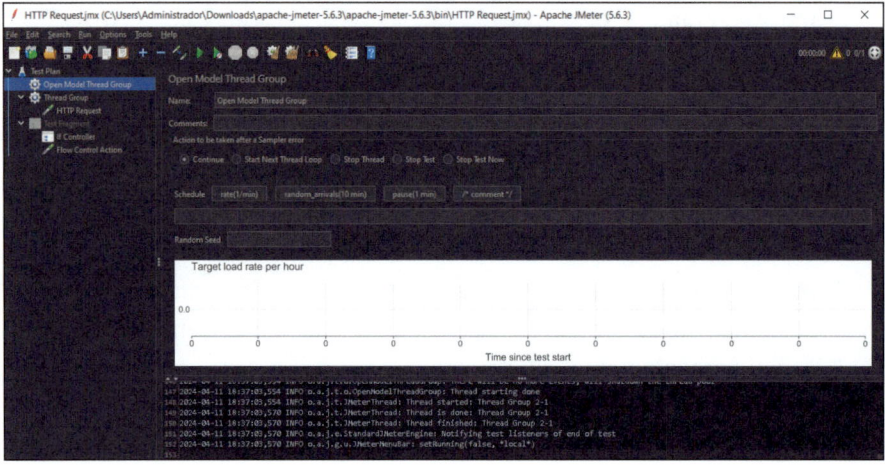

Interfaz gráfica de la herramienta Apache Jmeter

 Aplicación práctica

Como técnico de sistemas de la empresa *Kantosoft,* observa que últimamente el servicio que ofrece no es del todo óptimo, el servidor FTP no funciona correctamente y los *backup* no se recuperan correctamente. Indique qué actuaciones llevaría a cabo un auditor informático.

SOLUCIÓN

El auditor informático debe controlar y verificar que el sistema funciona de una manera eficiente, para lo cual hay que realizar un análisis de sistema *(hardware, software* y recursos humanos), detectar las causas del problema y establecer medidas correctoras y/o preventivas en caso necesario.

Continúa en página siguiente >>

<< Viene de página anterior

Para lo cual, se puede iniciar el proceso de auditoría y evaluar los puntos críticos mediante *checklist,* evaluación de riesgos o *software* específico, que realiza pruebas de control de todo el sistema (CAAT o *Computer Assisted Audit Techniques).*

Además, se pueden recoger los datos de rendimiento de los distintos recursos del servidor (memoria, procesador, disco duro, red, etc.) para ver dónde se producen los cuellos de botella en la transferencia de información o si el funcionamiento de algún dispositivo es incorrecto. La monitorización del rendimiento puede hacerse mediante una herramienta gráfica como *Apache Jmeter* (en cualquier plataforma), a través de comandos en GNU/Linux o con el Monitor de Rendimiento en *Windows Server.*

Una vez recogida toda la información, se emite un informe a la empresa Kantosoft con las actuaciones a llevar a cabo, que garantizarán la disponibilidad del servicio.

---

4. Parámetros de calidad

En un servidor de transferencia de archivos se determinan una serie de indicadores del funcionamiento correcto del servicio ofrecido. Entre los parámetros de calidad que hay que considerar para la transmisión de información se encuentran:

- **Velocidad de transferencia de archivos:** se mide como la tasa de transferencia o la cantidad de información (en número de bits) que se envía o recibe por unidad de tiempo entre dos dispositivos, el cliente y el servidor. Esta tasa de transferencia influye una serie de factores, como el número de usuarios de la red, los dispositivos del cliente y del servidor, el proveedor de servicios de Internet, el tipo de datos que se transfieren, etc.
- **Seguridad:** es importante contar con el máximo posible de medidas de seguridad que garanticen la integridad de los datos, tanto en el servidor como durante la transmisión de la información. Para ello, se recomienda la utilización de puertos seguros y el uso de protocolos de transferencia adecuados como el FTPS o el HTTPS, además de utilizar claves de acceso robustas y poder encriptar la información mediante cifrado o el uso de certificados digitales.

- **Control de fallos:** para evitar pérdidas de datos es necesario contar con redundancia de la información de los clientes almacenada en el servidor mediante copias de seguridad, además de mecanismos especiales de configuración como son los RAID.
- **Atención al cliente:** la rapidez de respuesta del servicio técnico y la disponibilidad del mismo son puntos a tener en cuenta en la calidad, sobre todo si el servicio ofrecido es durante las veinticuatro horas del día.

 Actividades

3. Recopile información sobre otras herramientas gráficas para monitorizar el rendimiento de un servidor.
4. Señale en qué consiste una configuración RAID.

5. Plan de pruebas

El plan de pruebas es una guía que se utiliza para definir lo que hay que probar y cómo realizar dichas pruebas; además debe considerar tanto las plataformas *hardware* y *software* del sistema como la red y los problemas de rendimiento del servidor, y la replicación de los datos y procesos.

Otros factores que hay que tener en cuenta en un plan de pruebas son el tipo de pruebas y su alcance, las personas que van a realizar las pruebas, qué criterios de paso/fallo se van a considerar durante las pruebas y las herramientas empleadas para la ejecución de las pruebas.

El contenido mínimo de un plan de pruebas viene definido en el estándar IEEE 829, el cual establece los siguientes puntos:

- Identificación del plan de pruebas.
- Introducción.
- Elementos a probar.
- Características que se van a probar.

- Características que no se van a probar.
- Enfoque de las pruebas.
- Criterio de aceptación/rechazo.
- Criterio de suspensión y de reanudación.
- Productos a entregar.
- Tareas a realizar durante el proceso.
- Recursos *hardware, software* y herramientas requeridas.
- Responsabilidades.
- Personal y formación.
- Cronograma.
- Riesgos y contingencias.
- Aprobaciones de los responsables.

 Nota

Las siglas IEEE o I-Triple E hacen referencia al *Institute of Electrical and Electronics Engineers* (Instituto de Ingenieros Eléctricos y Electrónicos), asociación mundial dedicada a la estandarización y el desarrollo en áreas técnicas.

Un plan de pruebas necesita una revisión periódica para que las pruebas que se incluyan garanticen en todo momento la calidad del servicio para los usuarios.

 Actividades

5. Describa qué tipo de puntos incluye un plan de pruebas.
6. Busque un ejemplo de plan de pruebas y compruebe si su contenido es similar al estándar IEEE 829.

Cuadro n° 22. Plan de prueba

ITALCAMBIO – plan de pruebas	Confidencial
Identificador:	Fecha de creación:

1. Datos generales del plan de pruebas

Fecha y hora de solicitud:	N° de solicitud:
Nombre del sistema o módulo a probar:	
Responsable del Dpto. De Calidad y Pruebas de Software:	

2. Participantes de las pruebas

Líder de proyecto:			
Área de desarrollo:	Base de datos	Correo:	Telf./Ext.:
Desarrollador (es):		Correo:	

3. Objetivos de las pruebas

4. Especificación del requerimiento

Realizar pruebas a la interfaz y funcionalidad del proyecto de la aplicación, para la gestión y control de respaldos de bases de datos.

Material recopilado: documento con las pantallas de la aplicación para el diseño de los casos de pruebas

5. Alcance y estrategia de las pruebas

Módulo (s) a probar:	No aplica
Funcione (s) / procedimiento (s) a probar:	Todas las funciones en los diferentes tipos de usuario.
Tipos de pruebas que se van a ejecutar:	Interfaz y funcional.

6. Ambiente de pruebas y recursos

Lenguaje de programación:	Visual Basic.Net 2008
Base de datos/tablas:	SQL Server 2008/respaldos/...
Servidores:	Desarrollonew2

7. Identificar riesgos

1) No disponibilidad del ambiente de pruebas adecuado para la ejecución de las mismas.

8. Calendario y hora

Día	Fecha	Hora

9. Observación general

Elaborado Por:	Revisado por:	Asignado a:
Jefe de calidad y pruebas de software	Líder de proyecto	Analista ejecutor de pruebas

Ejemplo de documento de plan de pruebas

6. Disponibilidad del servicio

La disponibilidad la define el programa MAGERIT *(Methodology for Information Systems Risk Analysis and Management)* como:

El grado en el que un dato está en el lugar, momento y forma en que es requerido por el usuario autorizado. Situación que se produce cuando se puede acceder a un sistema de información en un período de tiempo considerado aceptable. La disponibilidad está asociada a la fiabilidad técnica de los componentes del sistema de información.

El tiempo de funcionamiento no es sinónimo de disponibilidad ya que un sistema puede encontrarse en funcionamiento pero no disponible. Para ello, es necesario cuantificar la disponibilidad mediante el uso de herramientas de monitorización, y ver así el tiempo que pasa desde que se produce la interrupción hasta que vuelve a funcionar con normalidad el servicio.

 Importante

Un servidor con disponibilidad 365 x 24 quiere decir que se encuentra disponible los 365 días del año, durante las 24 horas del día.

La disponibilidad del servicio ofrecido viene determinada por el tiempo de inactividad, el cual se utiliza como parámetro para establecer cuando se puede acceder a un servidor. Los tiempos de inactividad pueden ser planificados, como las operaciones de mantenimiento, actualizaciones del *software* o reinicios del sistema, o no planificados, que incluyen los fallos en componentes del *hardware,* en la red, en el sistema o de seguridad. El tiempo de inactividad se divide en varias fases:

- Tiempo de detección: desde que se produce el fallo hasta que se tiene conocimiento del suceso.

■ Tiempo de respuesta: desde que se detecta el problema hasta que se registra.

■ Tiempo de reparación/recuperación: el tiempo que se necesita para solucionar el incidente y volver al funcionamiento del servicio.

Además, existen otros parámetros de tiempo que debe conocer un usuario/cliente antes de realizar la contratación de un servicio con servidores para la transferencia de archivos, como son:

■ *Uptime* o tiempo medio entre fallos: durante este periodo el servicio se encuentra disponible.

■ *Downtime* o tiempo medio de parada: incluye los tiempos de detección, respuesta y recuperación, y durante este tiempo se encuentra interrumpido el servicio.

■ Tiempo medio entre incidentes: es una medida de la fiabilidad del sistema e incluye el *uptime* y el *downtime*.

Tiempos de disponibilidad del servicio, uptime y downtime

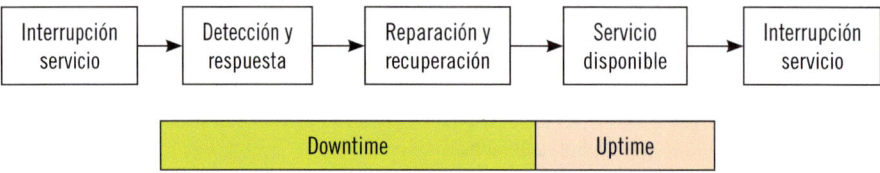

La disponibilidad del sistema se calcula como un porcentaje del tiempo que se encuentra funcionando el servidor durante un año. Para un servicio que deba estar disponible todos los días del año durante las 24 horas del día, la disponibilidad se calcula:

■ % disponibilidad = ((AST - DT) / AST) * 100
donde:

  ▌AST = Tiempo acordado de servicio (en este caso son 365 * 24 horas)

  ▌DT = Tiempo de interrupción o de caída del sistema

En cambio, la disponibilidad en función de la cantidad de intentos de uso que hace un usuario sobre un servicio se calcula:

- Disponibilidad = ((A - B) / A) * 100
  donde:

  - A = Cantidad de intentos totales
  - B = Cantidad de intentos fallidos

Por lo tanto, la disponibilidad puede calcularse desde el punto de vista de los componentes del sistema en todo momento o sobre el servicio cuando el usuario lo requiera. Los tiempos de caída permitidos en función de la disponibilidad se recogen en la siguiente tabla, teniendo en cuenta que a mayor porcentaje de disponibilidad tiene que ser mayor la capacidad de recuperación del sistema en un menor tiempo, y que el mayor nivel de exigencia en la disponibilidad se obtiene con los 5 nueves.

Disponibilidad (%)	Tiempo *offline*/día	Tiempo *offline*/mes	Tiempo *offline*/año
90	2'4 horas	73 horas	36'5 días
95	1'2 horas	36'5 horas	18'3 días
98	28'8 minutos	14'6 horas	7'3 días
99	14'4 minutos	7'3 horas	3'7 días
99'5	7'22 minutos	3'66 horas	1'8 días
99'9	1'46 minutos	43'8 minutos	8'8 horas
99'95	43'8 segundos	21'9 minutos	4'4 horas
99'99	8'6 segundos	4'4 minutos	52'6 minutos
99'999	0'86 segundos	26'3 segundos	5'26 minutos
99'9999	0'08 segundos	2'62 segundos	31'5 segundos

Tiempos de caída permitidos y porcentaje de disponibilidad de un servicio 24 x 7, es decir, las 24 horas del día de los 7 días de la semana.

Además, mediante la aplicación de las técnicas adecuadas se pueden conocer los factores que intervienen en la disponibilidad, los recursos a asignar para prevenir y realizar el mantenimiento del servicio y elaborar planes de mejora. Algunas de estas técnicas son: CFIA (Análisis del Impacto de Fallo de Componentes), FTA (Análisis del Árbol de Fallos), CRAMM (Método de Gestión y Análisis de Riesgos de la CCTA) y SOA (Análisis de Interrupción del Servicio).

 Aplicación práctica

Una empresa de alojamiento web ofrece a un cliente un servicio 24 x 7, con 3 horas de mantenimiento al mes, para lo cual dispone de servidores para la transferencia de archivos que han sufrido 4 caídas en 2 meses, con un tiempo de inactividad de 6 minutos las 3 primeras caídas y la última de 20 minutos. Como informático de la empresa debe analizar la disponibilidad del servidor en este tiempo y compararlo con el servicio que se oferta para tomar las medidas adecuadas en caso necesario.

SOLUCIÓN

Para calcular la disponibilidad del servicio se aplica la siguiente fórmula mediante la cual se obtiene un porcentaje:

▌ % disponibilidad = ((AST - DT) / AST) * 100

Donde:

▌ AST = Tiempo acordado de servicio
▌ DT = Tiempo de inactividad

Primero se calcula la disponibilidad en 2 meses de servicio con 3 horas de mantenimiento al mes:

▌ AST = 60 días * 24 h/día = 1440 horas
▌ DT = 2 meses * 3 h/mes = 6 horas

% disponibilidad = ((AST - DT) / AST) * 100 = ((1440 - 6) / 1440) * 100 = 99'583 %

Continúa en página siguiente >>

<< Viene de página anterior

Después se calcula la disponibilidad en los dos meses teniendo en cuenta las caídas del servidor:

- AST = 60 días * 24 h/día = 1440 h * 60 min/h = 86400 minutos
- DT = (3 * 6 min) + 20 min + (6 h * 60 min/h de mantenimiento = 398 minutos

% Disponibilidad = ((AST - DT) / AST) * 100 = ((86400-398) / 86400) * 100 = 99'539 %

A la vista de los resultados obtenidos se puede llegar a la conclusión de que la disponibilidad del servidor sigue siendo alta aunque se produzcan caídas o haya interrupciones en el servicio. El tiempo de caída permitido al mes para un sistema que tiene una disponibilidad del 99'5 % es de 3'66 horas, y en el caso anterior el tiempo de caída al mes es de 3'32 horas ((398 min / 60 min) / 2 meses), por lo que se encuentra dentro del límite aceptable.

A la vista de los resultados obtenidos se puede llegar a la conclusión de que la disponibilidad del servidor sigue siendo alta aunque se produzcan caídas o haya interrupciones en el servicio. El tiempo de caída permitido al mes para un sistema que tiene una disponibilidad del 99'5 % es de 3'66 horas, y en el caso anterior el tiempo de caída al mes es de 3'32 horas ((398 min / 60 min) / 2 meses), por lo que se encuentra dentro del límite aceptable.

7. SLA

Un SLA *(Service Level Agreement)*, en español ANS, es un Acuerdo de Nivel de Servicio en el que se garantiza la prestación de un servicio por parte de una empresa a otro cliente con unas condiciones mínimas de calidad que pueden medirse y evaluarse.

Importante

El Acuerdo de Nivel de Servicio puede establecerse tanto con los clientes como con los proveedores.

Se trata de un documento en el que se reflejan todos los indicadores objetos de acuerdo, por lo que su contenido puede variar, y se definen cuáles son los derechos y obligaciones de las partes implicadas. En líneas generales, algunas de las características que incluyen son:

- Descripción general del servicio acordado.
- Responsables del acuerdo, cliente y proveedor.
- Plazos durante los que se realiza el servicio.
- Duración del acuerdo y condiciones de renovación/rescisión.
- Condiciones de disponibilidad.
- Soporte y mantenimiento.
- Tiempos de respuesta.
- Tiempos de recuperación.
- Planes de contingencia, en caso necesario.
- Facturación y pago.
- Evaluación de la calidad del servicio.

Además, en un SLA tienen que establecerse una serie de revisiones periódicas para analizar qué objetivos de los propuestos han llegado a alcanzarse.

Objetivos del Acuerdo de Nivel de Servicio (ANS) o SLA

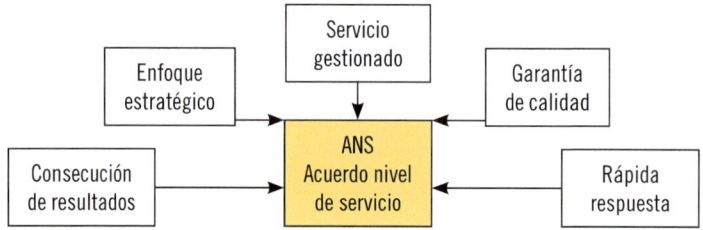

8. Alta disponibilidad en transferencia de archivos

La alta disponibilidad es el mantenimiento continuo de la operatividad de los servicios, de forma que en caso de fallo otro equipo se encarga de los procesos que se encuentran en funcionamiento. La alta disponibilidad puede ser de:

- *Hardware:* al haber varios equipos y/o componentes *hardware* preparados para que en caso de fallo de uno de los dispositivos del servidor principal pueda producirse el cambio de máquina o de unidades del hardware sin apagar el equipo (sustitución en caliente o *hotswap)*.
  Nota: con *hotswap* se hace referencia a la capacidad de algunos dispositivos *hardware* de instalarlos o sustituirlos sin apagar el equipo informático.
- *Software:* se consigue mantener la integridad de los datos ya que cuando una aplicación tiene un problema o error, se inicia dicho programa en otro equipo y cuando se arregla vuelve a funcionar en el ordenador inicial.

Alta disponibilidad de *software* en servidores de transferencia de archivos

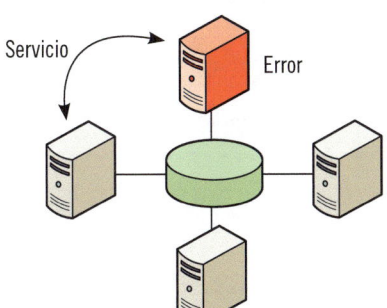

Algunas de las características que debe tener un sistema para garantizar la alta disponibilidad son:

- **Redundancia:** algún componente y/o dispositivo se encuentra duplicado para que el sistema continúe su funcionamiento en caso de fallo, por lo que el usuario no percibe la caída del sistema. La redundancia en el almacenamiento se consigue mediante una configuración RAID.
- **Respaldo o *backup:*** la información almacenada en el servidor y/o aplicaciones se replican en Centros de Procesamiento de Datos (CPD) para obtener una copia en reserva y disminuir el tiempo durante el cual se produce el cambio al respaldo.
- ***Cluster* de servidores:** los servidores están duplicados (N + 1) para solucionar los posibles fallos, y mediante el balanceo de carga todo el tráfico de información se distribuye entre los servidores del sistema.

- **Escalamiento:** poder aumentar el número de equipos en función de los requerimientos de los clientes.

Algunos sistemas operativos como *GNU/Linux* disponen de herramientas para garantizar la alta disponibilidad de los servicios como pueden ser *Likfe-Keeper* o *The High Availability Linux Project;* o de los datos mediante su replicación como *DRBD* o *rsync* (para bloques de datos), *MySQL* u *Oracle* (para bases de datos) y *FreeNAS* u *Openfiler* (para servidores del tipo NAS).

Actividades

7. Señale en qué consiste un *cluster* de servidores.
8. Amplíe la información sobre *LikfeKeeper, rsync* y *FreeNAS.*

9. Normativa legal vigente sobre información publicada en servidores de transferencia de archivos

Mediante la Ley Orgánica 3/2018, de 5 de diciembre, de Protección de Datos Personales y garantía de los derechos digitales (LOPDGDD) y el Reglamento de desarrollo (RLOPD) aprobado por Real Decreto 1720/2007, en España se preserva la privacidad de la información almacenada en los servidores de transferencia de archivos y se estipula que si un servidor se encuentra fuera de la Unión Europea o de países afines a esta ley puede llegar a ser un delito, ya que se considera el tránsito de datos como una transferencia internacional.

El objetivo principal de la LOPDGDD es velar por la protección de los datos de carácter personal, de forma que una empresa está obligada a evitar el uso fraudulento y la comercialización de los mismos.

También hay que tener en cuenta la Ley 34/2002, de Servicios de la Sociedad de la Información y del Comercio Electrónico (LSSICE), para conocer cómo se encuentran reguladas las comunicaciones electrónicas y el envío de datos por este medio.

Además, cualquier persona física o jurídica que posea y/o maneje datos de carácter personal tiene la obligación de comunicarlo a la Agencia Española de Protección de Datos (AEPD), la cual vela por que se cumpla tanto la LOPDGDD como la LSSICE.

9.1. Aplicación práctica

Se requiere la contratación a la empresa *Kantosoft* de un servicio *cloud computing*, que consiste en un servidor de transferencia de archivos con un espacio en disco de hasta 50 GB/mes, con una disponibilidad 24 x 7, y en el caso de que la indisponibilidad del servicio sea <90 % de la disponibilidad del mes se devuelve la totalidad del importe mensual. Elabore brevemente la documentación necesaria para llevar a cabo la contratación e indique los aspectos más relevantes a tener en cuenta.

Solución

La contratación de un servicio informático requiere la elaboración de un documento o contrato llamado SLA o Acuerdo de Nivel de Servicio, en el que las partes implicadas en el mismo van a definir de forma pormenorizada los puntos del acuerdo. Algunos de estos puntos son:

- Descripción del servicio acordado: Kantosoft proporcionará al cliente durante el contrato en vigor la disponibilidad del servicio de transferencia de archivos, así como el almacenamiento de datos con un total de 50 GB/mes y su mantenimiento correspondiente.
- Disponibilidad del servicio: el servicio estará accesible al cliente las 24 horas del día los 365 días del año. La disponibilidad al mes del servicio ofertado será >90 % de la disponibilidad mensual. En caso de incumplimiento de la disponibilidad por parte de la empresa suministradora del servicio, se devuelve el total de la mensualidad abonada al cliente.

- Mantenimiento: las tareas se encuentran planificadas y se comunicarán al cliente con suficiente antelación, por lo que no computará como período no disponible.
- Obligaciones del cliente: proporcionar un contacto a la empresa suministradora para notificaciones y colaboraciones en tareas de mantenimiento y corrección de errores.
- Reclamaciones: Kantosoft dispondrá de un servicio de atención al cliente 24 x 7 a través de correo electrónico para cualquier incidencia que se produzca, y emitirá al cliente una respuesta por el mismo medio en el plazo de 48 horas.
- Al tratarse de un servicio de alta disponibilidad debe contar con determinadas características que garanticen el acceso al servidor, como puede ser un respaldo de la información almacenada en un CPD (Centro de Procesamiento de Datos) o configuración de los discos en RAID, redundancia de dispositivos, balanceo de carga entre el *cluster* de servidores, etc.
- Como en el servidor se encuentra recogida la información de carácter personal, mediante normativa específica se garantiza la integridad de los datos a través de la LOPDGDD y la LSSICE (Ley de Servicios de la Sociedad de la Información y del Comercio Electrónico). Hay que cerciorarse que la empresa suministradora, Kantosoft, pertenezca a un país de la Unión Europea para que le sea aplicable esta normativa de protección de datos, para que no pueda considerarse una transferencia de información internacional.

10. Resumen

Mediante una auditoría del servicio de transferencia de archivos se realiza una evaluación de la calidad de diferentes puntos de dicho servicio, a través de una metodología específica de medición mediante listas de control o evaluación de riesgos.

El análisis de los rendimientos del servidor mediante herramientas gráficas o por líneas de comandos va a detectar qué recursos son los que producen situaciones críticas o de cuello de botella durante la transferencia de archivos y así establecer la solución más adecuada que garantice un servicio de calidad.

La calidad se determina mediante el cumplimiento de una serie de parámetros, los cuales también tienen que reflejarse en los documentos del plan de pruebas y del SLA.

El cálculo de la disponibilidad del sistema lo determina el tiempo que se encuentra fuera de línea o fallo, de forma que un porcentaje elevado va a establecer una alta disponibilidad del servidor, que se traduce en unos requisitos que tiene que cumplir el sistema para garantizar una continuidad en caso de caída.

La información que se encuentra en servidores disponible para los clientes está protegida por una normativa específica, la LOPDGDD y la LSSICE, que garantiza la integridad de los datos y la transferencia de los mismos.

Ejercicios de repaso y autoevaluación

1. Defina qué es la calidad del servicio (QoS).

_____
_____
_____
_____
_____
_____
_____

2. ¿Cuáles son las fases de una auditoría?

_____
_____

3. Indique si las siguientes afirmaciones son verdaderas o falsas.

a. Mediante una auditoría no se identifican ni corrigen las vulnerabilidades detectadas.

☐ Verdadero
☐ Falso

b. El auditor solo realiza el informe final de la auditoría, no interviene en el proceso completo.

☐ Verdadero
☐ Falso

c. Con la auditoría del sistema informático se consigue mantener la integridad de la información almacenada en el servidor de transferencia de archivos.

☐ Verdadero
☐ Falso

d. El informe final de la auditoría debe contener una propuesta de las medidas preventivas y correctivas del sistema.

☐ Verdadero
☐ Falso

4. **Relacione cada afirmación relacionada con el rendimiento con el recurso correspondiente.**

a. Con muchas peticiones disminuye el ritmo de la interfaz de red.
b. Los procesos en cola favorecen los cuellos de botella.
c. Una paginación alta disminuye el rendimiento.
d. El balanceo de carga mejora el rendimiento.

__ Disco duro.
__ Memoria.
__ Red.
__ Procesador.

5. **Enumere las metodologías de la evaluación del servicio de transferencia de archivos.**

_____

_____

6. **Rellene los espacios en blanco con la palabra más adecuada.**

a. La tasa de _____ es la cantidad de _____, en bits, que se envía o recibe por unidad de tiempo.
b. Mediante el uso de _____ seguros y de _____ de transferencia adecuados se garantiza la _____ de los datos.
c. El _____ de _____ se consigue con copias de seguridad.
d. La atención al cliente es un _____ de calidad importante.

7. ¿Cuáles son los factores a tener en cuenta en un plan de pruebas?

_____
_____
_____
_____

8. ¿Qué es un plan de pruebas?

    a. Es una guía que se utiliza para definir lo que hay que probar y cómo realizar dichas pruebas.

    b. En él no se define lo que hay que probar y cómo realizar dichas pruebas.

    c. Tiene su contenido definido en el estándar IEEE 869.

    d. Todas las opciones son incorrectas.

9. Rellene la tabla siguiente con las características de las multicomputadoras.

Plataforma	Herramienta	Se utiliza para...
GNU/Linux	iostat	
		Explorar la red
	sar	
		Estadísticas de todos los recursos
	pv	
Windows Server		
Multiplataforma		

10. Explique la diferencia entre *uptime* y *downtime*.

_____

_____

_____

_____

11. ¿Qué parámetro determina la disponibilidad del servicio?

_____

_____

_____

_____

12. Describa en qué consiste un SLA.

_____

_____

_____

_____

_____

_____

_____

13. ¿En qué tipo de alta disponibilidad se puede cambiar un dispositivo "en caliente"?

_____

_____

14. ¿Qué afirmación sobre la normativa de información publicada en servidores de transferencia de archivos no es correcta? Justifique la respuesta.

    a. La Ley de Servicios de la Sociedad de la Información y del Comercio Electrónico (LSSICE) regula las comunicaciones electrónicas y el envío de datos.
    b. El objetivo principal de la LOPDGDD es velar por la protección de los datos de carácter personal.
    c. La LOPDGDD es aplicable en cualquier país del mundo.
    d. Todas las respuestas anteriores son correctas.

15. ¿Quién vela por el cumplimiento de la **LOPDGDD** en España?

_____

_____

Capítulo 5
Técnicas de resolución de incidentes

Contenido

1. Introducción

Para el funcionamiento adecuado de un servicio en una organización es necesario contar con un sistema que gestione los posibles incidentes ocasionados durante el periodo de tiempo que se encuentre implantado dicho servicio. Por eso, hay que registrar las incidencias ocurridas siguiendo unas pautas, para obtener la máxima información que sea posible y poder determinar qué acción hay que llevar a cabo en el momento de producirse el fallo o problema *(workarounds)* o en futuras incidencias.

Para ello, es recomendable contar con una gestión proactiva de los problemas para actuar con rapidez y evitar en lo posible interrupciones en el servicio, manteniendo así en todo momento la calidad del mismo.

Existen diferentes técnicas para el análisis de las causas y los efectos que produce una incidencia, como puede ser la tormenta o lluvia de ideas, los 5 porqués o el diagrama de pescado.

Con las herramientas de monitorización y mediante los *logs* se van a poder resolver las incidencias producidas en el servicio de transferencia de archivos.

2. Técnicas de diagnóstico de incidentes

Una incidencia es un evento o suceso no planificado que no ocurre durante el funcionamiento normal de un servicio y que causa una interrupción o disminuye la calidad del mismo, por lo que hay que intentar resolverla rápidamente, evitar que suceda o conseguir que tenga el menor impacto posible. Viene definida por ITIL *(Information Technology Infrastructure Library* o Biblioteca de Infraestructura de Tecnologías de Información) como: "Cualquier evento que no forma parte del desarrollo habitual del servicio y que causa, o puede causar, una interrupción del mismo o una reducción de la calidad de dicho servicio".

Ejemplo

Un ejemplo de incidente se produce cuando el disco duro de un servidor de transferencia de archivos se encuentra completamente lleno.

Si una incidencia no tiene una causa conocida que la origine se habla de **problema,** pero en cambio si se tiene conocimiento de la causa que la ocasiona se llama **error.** Para ambos se cuenta con soluciones temporales para que el servicio vuelva a ponerse en funcionamiento. Cuando una incidencia es nueva es necesario registrarla siguiendo estos pasos:

- Identificación y registro de la incidencia.
- Clasificación y soporte inicial.
- Investigación y diagnóstico.
- Resolución y recuperación.
- Cierre de la incidencia.
- Seguimiento, monitorización y estadísticas.

Esquema de una incidencia

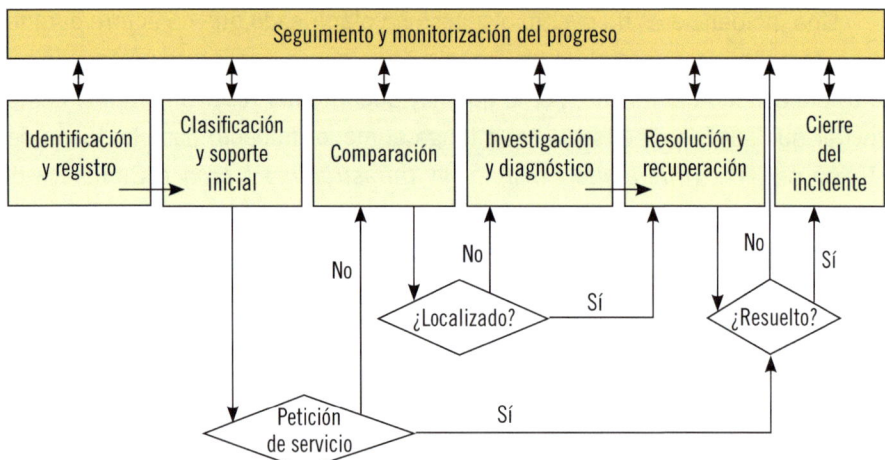

Todos los datos de las incidencias se recogen en un registro de incidencias, el cual debe incluir como información principal los siguientes apartados:

- Identificación o número de registro (ID de asignación automática).
- Fecha y hora del registro.
- Responsable del registro.
- Método de notificación.
- Datos del usuario que hizo la notificación.
- Vía de comunicación para la respuesta.
- Descripción del incidente.
- Usuarios/áreas afectados.
- Servicios afectados.
- Priorización, en función de:

  - Urgencia (tiempo disponible hasta la resolución del Incidente):

    - Hasta ___ horas.
    - Hasta ___ horas.
    - Hasta ___ horas.

  - Grado de severidad (daño causado):

    - Alto (interrupción de procesos esenciales).
    - Normal (interrupción del trabajo).
    - Bajo (se continúa al usar una solución alterna).

  - Prioridad (combinación de urgencia y grado de severidad).

- Relación con los CI›s (Configuration Item o Elementos de Configuración).
- Categoría del producto:

  - PC:

    - Configuración estándar 1.
    - ...

■ Impresora:

▪ Fabricante 1.
▪ ...

■ Categoría del incidente:

▪ Error de equipo.
▪ Error de aplicación.
▪ ...

■ Enlaces a Registros de Incidentes relacionados.
■ Enlaces a Registros de Problemas relacionados.
■ Registro de actividades:

▪ Fecha y hora.
▪ Persona a cargo.
▪ Descripción de las actividades.

■ Datos de resolución y cierre:

▪ Fecha y hora de la resolución.
▪ Fecha y hora del cierre.
▪ Categorías del cierre.

Hay diferentes tipos de signos que contribuyen a la detección de incidencias, como son aquellos que indican que un incidente ha ocurrido o está ocurriendo (signos **indicadores),** por ejemplo, un sensor que alerta de un desbordamiento del *buffer* del servidor o la caída total del mismo; y aquellos signos **precursores** de que puede ocurrir un incidente en el futuro, por ejemplo, el barrido de puertos.

Diagrama de signos que contribuyen a la detección de un incidente

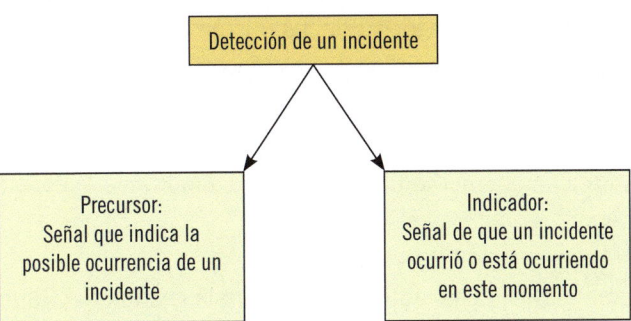

De esta forma, las técnicas de diagnóstico se dividen en función de la acción que hay que tomar ante el tipo de signo que da lugar al incidente.

Técnicas preventivas o proactivas

Con las técnicas preventivas o proactivas se intenta conseguir que mientras que el equipo utilizado en la transferencia de archivos (servidor) se encuentre en funcionamiento se puedan resolver las incidencias que se produzcan automáticamente o actuar antes de que tengan lugar.

 Nota

La utilización de filtro de *spam* se puede considerar como una técnica proactiva en un servidor de correo.

A partir de los datos obtenidos con la monitorización del sistema, se notifican las incidencias que suceden en los dispositivos del mismo, ya que se encuentra almacenada la información en un repositorio. Cuando se detecta un fallo se genera automáticamente una incidencia con los servicios que están afectados y la criticidad de la misma en función de la alerta que se produzca.

Se utilizan en sistemas que manejan grandes volúmenes de datos para evitar poner en peligro la integridad de los mismos. Entre las diferentes técnicas que se pueden utilizar en servidores se encuentran:

- Sistemas de vigilancia como los antivirus o filtros *antispam*.
- Comunicación mediante avisos ante modificaciones en los *logs* del sistema.
- Auditorías y/o evaluaciones.
- Herramientas, como aplicaciones, para la gestión del tráfico de información del servidor.

 Sabía que...

Un filtro *antispam* es un programa que analiza el correo que llega al buzón para identificar aquellos mensajes que se reciben con publicidad y que son enviados masivamente por personas que no son contactos nuestros, de forma que ocupan espacio en el buzón de correo, para poder eliminarlos.

Técnicas reactivas o de emergencia

Una vez que se ha producido la incidencia en el servidor, con las técnicas reactivas o de emergencia se resuelve el fallo o problema que provoca la interrupción del servicio en el servidor. Por ejemplo, ante un incidente de seguridad es necesario seguir una serie de pasos que se dividen en fases, que son:

- **Clasificación y alcance:** es necesario realizar dicha clasificación del incidente producido en función de sus características (número, criticidad, etc.) para ver si se encuentra previamente contemplada una actuación y poder establecer adecuadamente un orden de prioridad.
- **Identificación de los sistemas afectados:** existen diferentes formas de conocer qué sistemas han sido afectados por el incidente (registros o

análisis de *logs,* entre otros) y detectar así las anomalías producidas en una determinada área del sistema.

■ **Contención y mitigación:** conocido y valorado el incidente con la información obtenida anteriormente, se realizan acciones para intentar que no se extienda el problema y evitar en lo posible los efectos adversos que pueda producir.

■ **Preservación de evidencias y reporte:** una vez controlado el incidente y su impacto, se recoge información relevante o evidencias para poder utilizarse como pruebas legales en caso necesario. Los datos necesarios pueden extraerse de la memoria del equipo mediante herramientas específicas de análisis forense al tratarse de información volátil, como, por ejemplo, *Lime* en *Unix/Linux* o *Memoryze* en *Windows.*

■ **Recuperación y cierre:** aplicadas las acciones necesarias para recuperar el sistema afectado mediante las medidas correctivas necesarias, se puede dar por cerrado el incidente, siempre que se cuente con toda la información necesaria y así analizar las posibles mejoras o cambios a realizar en el sistema que eviten que se produzca el incidente en el futuro.

Pasos a seguir ante un incidente de seguridad

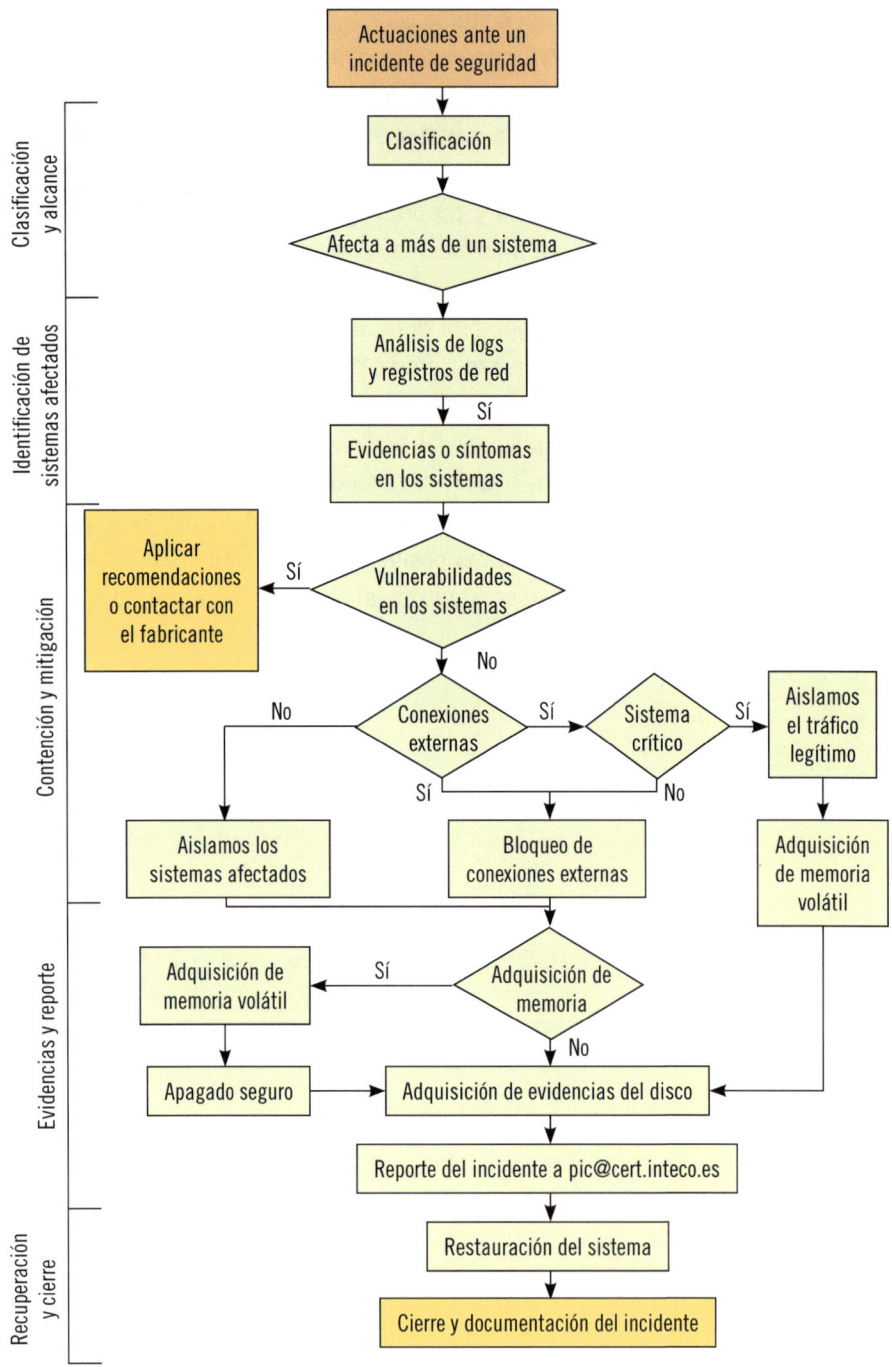

Diagnóstico de incidentes

El análisis de los incidentes que se producen en un sistema de transferencia de archivos puede realizarse mediante dos tipos de diagnóstico:

- **De *hardware:*** con aparatos y/o herramientas que comprueban el estado de los equipos y dispositivos que se utilizan para la transmisión de información, como:

    - Analizadores de red.
    - Voltímetro.
    - Osciloscopio.

- **De *software:*** con aplicaciones y/o programas utilizados para comprobar el estado lógico del sistema, como:

    - Sistemas de monitorización de servicios.
    - Antivirus.
    - Sistemas de detección de fallas.
    - Sistemas de diagnóstico del estado del servidor.
    - Analizadores del tráfico, como, por ejemplo, *Wireshark* (de *software* libre).

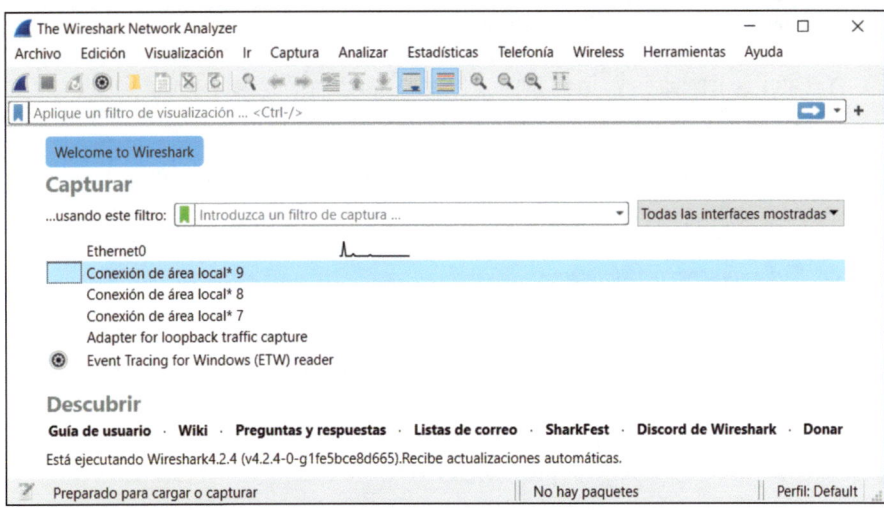

Ejemplo de un analizador de tráfico: pantalla inicial de Wireshark

Aplicación práctica

Un cliente, durante la transferencia de archivos desde un servidor, sufre una interrupción del servicio e informa vía *e-mail* de dicho incidente a la empresa. Usted es el técnico responsable, ¿qué actuaciones debe llevar a cabo?

SOLUCIÓN

Cuando se recibe la notificación de una incidencia el primer paso es el registro de la misma y la recopilación de una serie de información, como la siguiente:

- Identificación o número de registro.
- Fecha y hora del registro.
- Responsable del registro.
- Método de notificación.
- Datos del usuario que hizo la notificación.
- Vía de comunicación para la respuesta.
- Descripción del incidente.
- Usuarios/áreas afectados.
- Servicios afectados.
- Priorización en función de la urgencia (tiempo disponible hasta la resolución del incidente, en horas) y el grado de severidad (daño causado).
- Relación con los CI's.
- Categoría del producto.
- Categoría del incidente.
- Enlaces a Registros de Incidentes relacionados.
- Enlaces a Registros de Problemas relacionados.
- Registro de actividades: fecha y hora, persona a cargo y descripción de las actividades.
- Datos de resolución y cierre: fecha y hora de la resolución, fecha y hora del cierre y categorías del cierre.

Una vez hecho el registro del incidente, se pasa a la clasificación y soporte inicial. Luego se realiza la investigación y diagnóstico del mismo siguiendo técnicas proactivas o reactivas en función del tipo de incidente de que se trate, pudiendo tratarse también el diagnóstico del *hardware* como del *software*.

Posteriormente, se aplica una posible recuperación y restauración del servicio en función de los datos obtenidos en los pasos anteriores, el cierre de la incidencia una vez que se soluciona el fallo y/o problema y después el seguimiento y la monitorización del sistema para evitar interrupciones y posibles incidentes.

3. Medidas de contención

Las medidas de contención dependen del tipo de incidente y el impacto que pueda producir, y lo que pretenden es evitar que el incidente siga originando daños y disminuir su efecto. Antes de seleccionar una estrategia y/o medida de contención hay que tener en cuenta una serie de factores, como pueden ser:

- **Daño a los recursos:** es necesario evaluar con anterioridad si la medida que se va a tomar puede afectar a otros recursos del sistema y en el grado en el que lo va a producir.
- **Mantener la evidencia:** que se pueda guardar toda la información relativa al incidente para poder recurrir a ella en caso necesario.
- **Tiempo de inicio y duración de las medidas:** la elección de la medida tiene que garantizar que dure el tiempo necesario para contener el incidente.
- **Efectividad:** hay que comprobar que la acción que se lleve a cabo realice el efecto deseado de contención del incidente.
- **Criticidad del sistema afectado:** en función de la gravedad que produzca se hará la elección de la medida más adecuada.
- **Características del incidente:** hay que tener en cuenta las características propias del incidente (número, etc.) para realizar la acción de contención del mismo.
- **Implicaciones legales y económicas:** según el coste, tanto legal como económico, de la medida a tomar como del incidente.

 Nota

El uso continuado de *workaround* es un indicador de la falta de existencia de un plan de resolución de incidentes en el servicio.

Como ejemplos de medidas de contención posibles a tomar para minimizar el impacto que la incidencia tenga en el sistema pueden destacarse las siguientes:

■ Respaldar los datos almacenados en el servidor mediante una copia completa del disco duro.

■ Revisar la arquitectura de red: el sistema, los servicios y las conexiones.

■ Corregir vulnerabilidades, arreglar fallos, modificar derechos de acceso, etc.

■ Implementar, si es necesario, un servidor temporal con aplicaciones actualizadas.

■ Mantener el sistema en línea con conectividad limitada.

Algunas estrategias de contención de incidentes de seguridad en servidores vienen reflejadas en la siguiente tabla.

ESTRATEGIAS DE CONTENCIÓN PARA INCIDENTES DE SEGURIDAD DE UN SERVIDOR		
Incidente	Ejemplo	Estrategias de contención
Acceso no autorizado	Intentos fallidos de login	Bloqueo de cuenta
Reconocimiento	Escaneo de puertos	Reglas de filtrado en *firewall*
Código malicioso	Infección con virus	Desconexión del equipo afectado

3.1. Workarounds

Un *workaround* es una alternativa que disminuye o elimina el impacto de un incidente o problema para el que no se encuentra una solución definitiva (según Kolthof y colaboradores). Sería una primera solución que facilita la reanudación del servicio pero a un nivel menor.

Estas soluciones temporales o *workarounds* se documentan, si se refieren a problemas, en los **Registros de Errores Conocidos** y en el **Registro de Incidencias** si se trata de incidentes.

El primer paso después de la detección de un problema es su registro y, posteriormente, hay que clasificarlo y asignarle una prioridad. Luego se investiga el problema en función de los recursos disponibles para asignarle, en caso necesario, una solución provisional o temporal que hace desaparecer momentáneamente las consecuencias producidas. Al no tratarse de una solución definitiva, el registro del problema no se cierra, y pasa a convertirse en un **Error Conocido** y se elabora el informe correspondiente.

Pasos que hay que seguir para utilizar un workaround

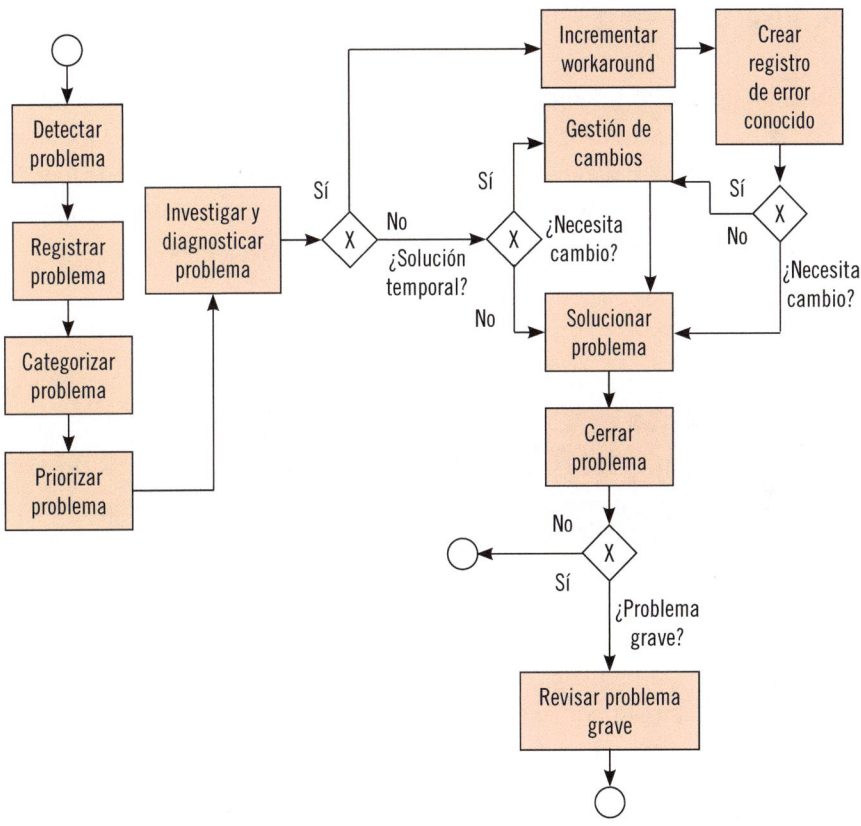

Cuando un problema se determina que es un error conocido se puede ofrecer con una mayor rapidez una solución transitoria (o *workaround)* a dicho problema.

Actividades

1. Señale qué pasos hay que seguir cuando se produce una incidencia.
2. Busque la diferencia que hay entre un *workaround* y un *workflow.*
3. Ponga ejemplos de medidas de contención a tomar ante un incidente en un servidor de transferencia de archivos.

4. Análisis causa-raíz

Es un método que se emplea para resolver problemas mediante la identificación de las causas que los originan, y tratar de corregir o eliminar las causas raíz. En el siguiente diagrama aparecen las preguntas que hay que responder para realizar un análisis de las causas que originaron un determinado problema o incidente y llegar a establecer las soluciones más adecuadas.

Preguntas del análisis causa-raíz

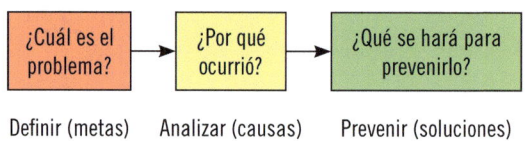

Existen diferentes técnicas de análisis para la determinación de las causas raíz que originan un problema, entre las que se encuentran la lluvia de ideas, que se conoce también con el nombre de *brainstorming,* el modelo de Toyota referido a 5 preguntas y el diagrama de Ishikawa.

Brainstorming o lluvia de ideas

Se utiliza este método para identificar las causas de un problema y también se puede emplear para proporcionar acciones de mejora mediante las ideas aportadas por un amplio grupo de personas.

Posteriormente, se exponen las ideas y por votación o acuerdo de grupo se puede elegir la acción y/o causa definitiva.

 Nota

La tormenta de ideas o *brainstorming* se ideó en 1983 por Alex Faickney Osborn, como una herramienta de trabajo grupal para generar ideas ante un problema.

Técnica de los porqués o modelo de Toyota

Este método se emplea en grupos pequeños de 5 a 8 personas, y una vez que se identifica un problema mediante una serie de preguntas reiterativas con cinco "por qué", se llega a la causa más probable que ha originado la incidencia.

Así para cada causa potencial que se genera hay que preguntar: ¿por qué es esta la causa del problema original?; y así para cada nuevo por qué repetir la pregunta en cascada hasta llegar a la causa raíz del problema.

De esta manera, se pueden establecer las medidas más adecuadas para disminuir el impacto que pueda haber originado en el sistema.

Esta técnica se utilizó por primera vez en Toyota para la evolución de las metodologías de fabricación, dando lugar al *Toyota Production System* (TPS).

Diagrama de Ishikawa o de espina de pescado

Es un diagrama causa-efecto en el que se representa el conjunto de varios elementos o causas en un sistema que pueden producir un problema o efecto.

Está formado por un recuadro o cabeza, una línea principal o columna vertebral, cuatro o más líneas que apuntan a la principal con un ángulo de

70 grados o espinas principales, a las cuales llegan dos o tres líneas o espinas y a estas otras llamadas espinas menores, y así sucesivamente. Al representarlo mediante un dibujo se ve que adopta la forma de una espina de pescado, por lo que se le conoce también con este nombre.

Partes del diagrama de Ishikawa o de espina de pescado

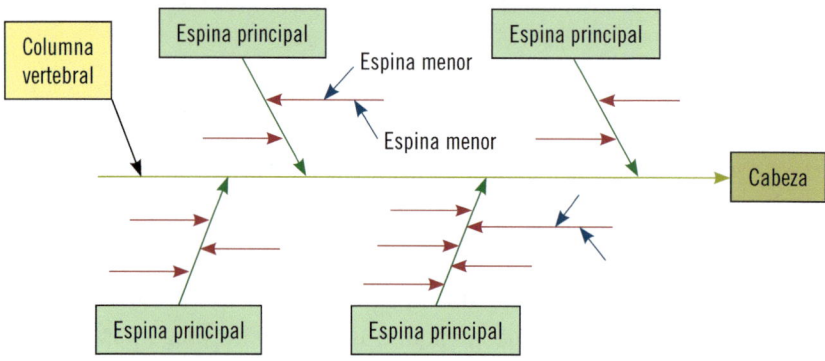

Normalmente, las categorías de causas que influyen en un servicio son las **5 M,** que son:

- Máquina: los recursos necesarios tanto de *hardware* como de *software* para el funcionamiento de calidad.
- Mano de obra: habilidades y motivación de los trabajadores.
- Método: utilizar procedimientos incompletos o complicados.
- Materia prima: todos los datos y archivos necesarios para producir un servicio.
- Medio ambiente: las condiciones ambientales y el clima laboral influyen en la calidad.

Las 5 M en el diagrama de Ishikawa

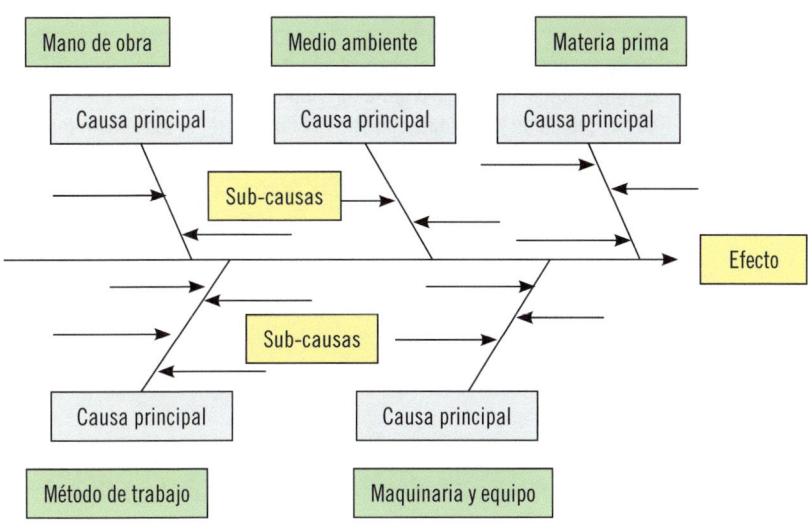

 Aplicación práctica

Un servidor ubicado en un centro de datos ha sufrido un fallo en el servicio, por lo que se ha reiniciado el equipo. Se barajan como posibles causas el *hardware* defectuoso o problemas con los datos. En un principio se ha analizado el sistema de archivos y al final se ha realizado una restauración a partir de las copias de seguridad. Al cabo de los días, como se repetía el incidente, se ha decidido cambiar el *hardware*. Como técnico del servicio de transferencia de archivos realice una valoración de la situación.

SOLUCIÓN

Para tomar una solución adecuada hay que realizar un análisis de las causas que han originado el problema mediante técnicas adecuadas, como el diagrama de Ishikawa o de los 5 porqués, después de las cuales se ha llegado a la conclusión que el *hardware* defectuoso o problemas con este son las posibles causas de dicho incidente.

Además, hay que realizar un análisis lo más exhaustivo posible de los registros del sistema del equipo y de los logs que proporcionan toda la información necesaria de las alertas y fallos que se producen.

Continúa en página siguiente >>

<< Viene de página anterior

Ante este incidente, la primera actuación que se ha tomado como medidas de contención, para evitar que el fallo o problema siga originando daños, ha sido una restauración del sistema a partir de las copias de seguridad existentes. Finalmente, el técnico ha tomado la decisión final, teniendo en cuenta varios factores, de realizar el cambio de *hardware* y como solución temporal o *workaround* el análisis del sistema de archivos.

5. Gestión proactiva de problemas

Mediante una gestión proactiva de problemas se pretende prevenir los incidentes antes de que ocurran con una monitorización y análisis de la configuración adecuada del servicio. Las principales ventajas de utilizar este tipo de gestión de problemas son:

- Reduce costes y es más rápido.
- Acelera los procesos como, por ejemplo, la actualización de *hardware* o la implantación de aplicaciones nuevas.
- Detección temprana de problemas al tener una supervisión completa del *hardware* y aplicaciones para evitar que se extiendan por la red.
- Monitorización constante para detectar problemas y solucionarlos con rapidez, de forma que los tiempos de respuesta son más cortos ante incidentes tanto de *hardware* como de *software*.
- Implementar respuestas automáticas mediante la programación de una solución ante un problema predeterminado como fallos de la red.

 Nota

Con la gestión proactiva de problemas se consigue llevar un control adecuado y organizado de las incidencias que se producen.

La eficacia de la gestión de sistemas proactiva puede desarrollarse de dos maneras:

- Detectar y corregir los problemas antes que el usuario se dé cuenta.
- Detectar los incidentes antes que se conviertan en problema.

De esta manera, se intenta conseguir una mejora continua del servicio ofrecido. En este caso se trata de un servidor de transferencia de archivos, mediante acciones preventivas previo análisis del sistema.

 Actividades

4. Señale en qué consiste la gestión de problemas.
5. Busque información sobre otras técnicas de análisis causa-raíz que existen.

6. Herramientas para la resolución de incidencias

Es necesario que cuando ocurra una incidencia esta se solucione en un periodo de tiempo determinado, el cual se establece en los SLA *(Service Level Agreement* o Acuerdo de Nivel de Servicio) pactados con el cliente. Durante el proceso de resolución de una incidencia de un servicio se sigue una serie de pasos, usando un modelo establecido, para solventar dicha incidencia en el tiempo determinado y de forma correcta, como aparece en el siguiente gráfico.

Proceso de resolución de una incidencia

Fuente: <www.http://itil.osiatis.es/

Mediante las herramientas adecuadas de gestión de incidencias se consigue resolver rápidamente cualquier interrupción del sistema, como, por ejemplo, un fallo en las conexiones, un alta de un usuario nuevo o una petición de acceso a un archivo, y disminuir el impacto negativo que pueda ocasionar. Además, permiten gestionar las averías y/o fallos producidos en el sistema ya que almacenan toda la información más importante sobre la incidencia y también aquellas notificaciones o acciones automáticas que hay que llevar a cabo.

Al utilizar una herramienta de gestión de incidencias se pretende cumplir una serie de objetivos, como son:

- Registro de información relevante de la incidencia.
- Realizar acciones de forma sistemática.
- Disminuir el tiempo de inactividad del servicio.

Las aplicaciones que gestionan la resolución de incidencias pueden ser *online* o estar instaladas en el servidor.

6.1. Monitorización

Con la monitorización se mantiene una observación continua del proceso para detectar los posibles cambios que puedan producirse a lo largo del tiempo y persigue, entre otros, los siguientes objetivos:

- Cumplir las condiciones establecidas.
- Monitorizar los parámetros clave.
- Mantener el rendimiento y sistema en un rango preestablecido.
- Detectar niveles y cambios anormales.
- Asegurar el cumplimiento de requisitos de calidad acordados.

Se definen los diferentes tipos de monitorización en función de varios factores, por lo que se puede diferenciar:

- Monitorización activa y pasiva: es activa si se comprueba directamente el estado de un sistema o dispositivo y se emplea para la diagnosis y pasiva cuando se realiza automáticamente por un equipo.
- Monitorización reactiva y proactiva: es reactiva cuando se ejecutan acciones ante un incidente y proactiva al predecir un fallo de un equipo o dispositivo.
- Monitorización continua y excepciones: es continua cuando se registra el sistema durante un periodo y en excepciones si solo notifica las interrupciones producidas.

Nota

Algunos sistemas de control de incidencias, como los ERP o sistemas de planificación de recursos empresariales, han sido desarrollados por Oracle o SAP.

Cuando se monitorizan los recursos de un sistema es importante establecer una línea base en la que se recogen los valores normales de funcionamiento del servidor de transferencia de archivos. Algunos de los parámetros que se suelen monitorizar son:

- Errores y/o fallos.
- Cambios de *software* y de *hardware*.
- Número de usuarios.
- Tiempos de respuesta.
- Accesos no autorizados.
- Uso de los servicios.
- Estado de los procesos.

Habitualmente se emplean herramientas para la monitorización de recursos *hardware* de los equipos, como la carga del procesador o los *logs* del sistema, monitorización remota y de servicios de red, y para generar alertas ante cambios en los parámetros establecidos. Entre las aplicaciones *OpenSource* que se pueden utilizar se encuentra *Nagios* o *Cacti*.

6.2. Logs

Los *logs* son fuentes de información del rendimiento y funcionamiento de un sistema, inclusive de un servidor de transferencia de archivos. Su principal inconveniente es que para poder analizarlos hay que acceder a las diferentes localizaciones donde se encuentran y que utilizan diversidad de formatos.

Mediante las aplicaciones que gestionan *logs* se obtienen datos del funcionamiento de los dispositivos y programas para garantizar un adecuado nivel de servicio del sistema. Algunas de las características de utilizar herramientas para la gestión de *logs* son las siguientes:

- Recopilación de información de cualquier fuente (conectores, *syslog* o ficheros de *log*).
- Búsqueda de información rápida mediante la indexación de los datos de los *logs*.
- Permite la ampliación de la capacidad de los datos del sistema.
- Se garantiza la calidad del servicio a través de auditorías.
- Se pueden integrar con otras herramientas de monitorización.

El esquema siguiente describe el proceso de gestión de *logs* mediante el cual con el análisis de los *logs* se pueden identificar las causas de las pérdidas de rendimiento o fallos de un servidor de transferencia de archivos. Además, con la recolección de la información generada por los *logs* de los diferentes dispositivos del sistema del servidor y el posterior análisis de estos datos se crean las alarmas e informes correspondientes. Un ejemplo es el análisis en tiempo real de los usuarios de un sistema o aplicación y el uso que hacen de los recursos y así detectar posibles dificultades.

Proceso de gestión de logs

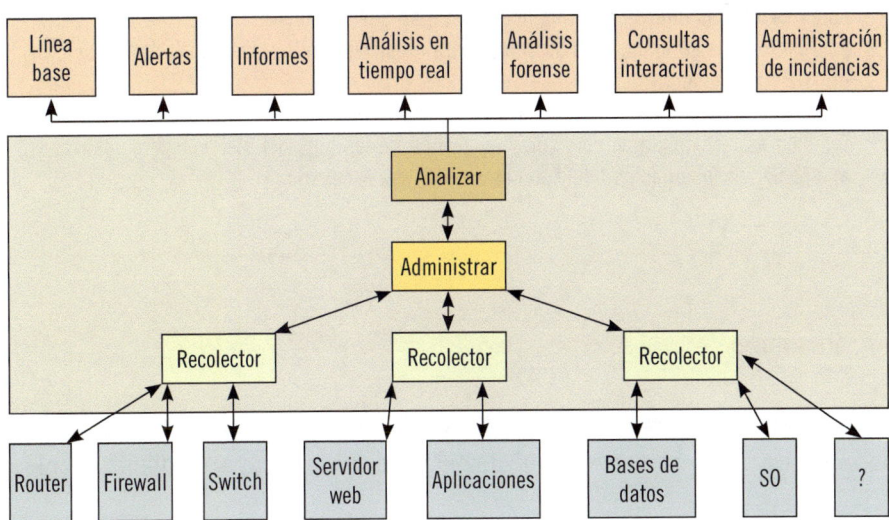

Actividades

6. Realice una descripción de la aplicación *Nagios* y si es necesario busque información en Internet.
7. Señale qué *software* libre hay para la gestión de *logs*.

Aplicación práctica

Se recibe un incidente en el cual se indica que hay un número excesivo de procesos en el servidor de transferencia de archivos. Indique como técnico las medidas a tomar para resolver la incidencia y evitar que se produzca en otra ocasión.

SOLUCIÓN

La principal medida a tomar es contar con una herramienta adecuada con la que se pueda monitorizar el funcionamiento del servidor de transferencia de archivos, para que antes que se produzca el fallo o problema se puedan tomar las medidas adecuadas, o actuar en el momento que se genere.

Entre las herramientas de monitorización de *software* libre se encuentran *Nagios* o *Cacti*. Antes de utilizar una de estas aplicaciones hay que establecer la línea de base de los parámetros que se están monitorizando para crear las alertas y/o avisos del servicio de transferencia de archivos.

También es recomendable configurar la gestión de los logs del sistema para realizar la ampliación de la capacidad del servidor cuando sea necesario.

7. Resumen

Cuando se produce una incidencia en un servicio, el primer paso es realizar su registro y, posteriormente, el diagnóstico de la misma mediante técnicas proactivas o preventivas y/o técnicas reactivas o de emergencia, en función del tipo de signo que se produzca.

Una vez que se origina el problema solo se puede minimizar el impacto que ocasiona mediante la adopción de medidas de contención o soluciones temporales *(workarounds)*. En cambio, mediante la gestión proactiva se consigue poner un remedio antes de que se produzca el fallo o incidente.

Con el análisis causa-raíz y sus diferentes técnicas se pueden resolver los problemas de una manera más efectiva y conocer cuáles son las causas que han originado que se produzca una determinada incidencia. También con las herramientas de monitorización, que establecen una serie de parámetros, y de gestión de *logs* se logra una mayor eficacia en la resolución de incidentes que afecten al sistema de transferencia de archivos.

Ejercicios de repaso y autoevaluación

1. ¿Qué es una incidencia?

_____

_____

_____

_____

2. **Indique si las siguientes afirmaciones son verdaderas o falsas.**

a. Si se tiene conocimiento de la causa que ocasiona una incidencia se llama error.

☐ Verdadero
☐ Falso

b. No es necesario registrar una incidencia.

☐ Verdadero
☐ Falso

c. Cuando una incidencia tiene una causa conocida que la origine se denomina problema.

☐ Verdadero
☐ Falso

3. **Enumere los pasos que hay que seguir ante una nueva incidencia.**

_____

_____

_____

_____

4. Relacione los siguientes tipos de diagnóstico de incidentes con las palabras *"software"* o *"hardware"*:

    a. Osciloscopio.
    b. Antivirus.
    c. Analizador de red.
    d. *Wireshark.*

    __ *Software.*
    __ *Hardware.*

5. Defina el concepto de *workaround.*

    _____
    _____
    _____
    _____

6. Rellene los espacios en blanco con la palabra más adecuada.

    a. Las _____ de _____ pretenden evitar que el incidente siga originando _____ y disminuir su efecto.
    b. Cuando se produce una _____, con las técnicas _____ o de _____ se resuelve el problema que provoca la interrupción del servicio.
    c. Con técnicas _____ o _____ se intenta conseguir resolver las incidencias _____ o antes de que se produzcan.

7. ¿Cuáles son los factores a tener en cuenta en las medidas de contención?

    _____
    _____
    _____
    _____

8. **Con la gestión proactiva de problemas...**

    a. ... se pretende prevenir los incidentes.
    b. ... se intenta resolver los incidentes cuando ocurran con una monitorización y análisis de la configuración adecuada del servicio.
    c. ... se pretende prevenir los incidentes antes de que ocurran con la monitorización y análisis de la configuración adecuada del servicio.
    d. ... se pretende que los incidentes afecten poco.

9. **Rellene la tabla siguiente con tres características para cada una de las técnicas de análisis causa-raíz.**

Lluvia de ideas	Los 5 porqués	Diagrama Ishikawa

10. **Explique en qué consiste un análisis causa-raíz.**

_____
_____
_____
_____

11. **¿Qué es _brainstorming_?**

_____
_____

12. Describa las ventajas de utilizar una gestión proactiva de problemas.

_____
_____
_____
_____
_____
_____
_____

13. ¿Qué es _Nagios?_

_____
_____

14. ¿Qué afirmación sobre las herramientas de resolución de incidencias no es correcta? Justifique la respuesta.

a. Los _logs_ son fuentes de información del rendimiento y funcionamiento de un sistema.

b. No se pueden utilizar herramientas para gestión de _logs_.

c. Los logs utilizan diversidad de formatos.

d. Todas las opciones son incorrectas.

_____
_____
_____
_____

15. ¿Qué es la línea base?

_____
_____

Bibliografía

Monografías

▌ ALDEA Jiménez, M.: *Administración de Sistemas Operativos*. Valencia: Educalia Editorial, 2015.

▌ AGUILERA López, P.: *Seguridad informática*. Madrid: Editorial Editex, 2010.

▌ BAYDAL Cardona, E., BONASTRE Pina, A., NACHIONDO Farinós, T., SÁNCHEZ López, M., SANTONJA Gisbert, V. y SILLA Jiménez, F.: *Ejercicios y prácticas de redes de computadores*. Valencia: Editorial de la UPV, 2005.

▌ CARRETERO, J., DE MIGUEL, P., GARCÍA, F. y PÉREZ, F.: *Sistemas operativos: Una visión aplicada*. Madrid: Editorial McGraw-Hill, 2021.

▌ DYE, M.A., MCDONALD, R. y RUFI, A.W.: *Aspectos básicos de networking. Guía de estudio de CCNA Exploration*. DÍAZ, J.M. (trad.). Madrid: Prentice-Hall, 2008.

▌ GÓMEZ Labrador, R.M.: *Administración de servidores Linux*. Sevilla: Universidad de Sevilla, 2014.

▌ GÓMEZ Labrador, R.M.: *Seminario Configuración de SAMBA*. Sevilla: Universidad de Sevilla, 2007.

▌ ITSMF LIBRARY: *Fundamentos de Gestión de Servicios TI: basado en ITIL*. Van Haren Publishing, 2007.

❙ MUÑOZ Razo, C.: *Auditoría en sistemas computacionales.* Madrid: Pearson Educación, 2002.

❙ ROMERO Ternero, M.C., BARBANCHO Concejero, J., BENJUMEA Mondéjar, J., RIVERA Romero, O., ROPERO Rodríguez, J., SÁNCHEZ Antón, G. y SIVIANES Castillo, F.: *Redes Locales.* Madrid: Ediciones Paraninfo, 2020.

❙ SERRADILLA, J.L.: *Control de Versiones con Subversion y TortoiseSVN.* Murcia: Universidad de Murcia, 2007.

Textos electrónicos, bases de datos y programas informáticos

❙ BORRELL Nogueras, G.: *El control de versiones,* de: <http://torroja.dmt.upm.es/media/files/cversiones.pdf>.

❙ Instituto Nacional de Tecnologías Educativas y de Formación del Profesorado, de: <http://www.ite.educacion.es/formacion/materiales/85/cd/linux/m4/instalacin_y_configuracin_de_nfs.html>.

❙ Observatorio Tecnológico, de: <http://recursostic.educacion.es/observatorio/web/ca/home>.

❙ Oracle Technology Network, de: <https://www.oracle.com/technical-resources/>.